GESTÃO ADEQUADA DE **CONFLITOS**

Do diagnóstico à escolha do método para cada caso concreto

Ricardo Goretti

GESTÃO ADEQUADA DE **CONFLITOS**

Do diagnóstico à escolha do método para cada caso concreto

mediação, negociação, conciliação, arbitragem, processo judicial, serventias extrajudiciais, orientação jurídica

2019

www.editorajuspodivm.com.br

Para acessar os vídeos:

Para quem usa **Android**, importante instalar um aplicativo com leitor de QRCodes, que pode ser o "QR Code Reader". Você encontrará no seguinte link:

▶ http://editoraj.us/baixar-qr-android

Para quem usa **IOS** (iPhone, iPad), basta instalar um aplicativo com leitor de QRCodes, que pode ser o "QR Code Reader and Scanner". Você o encontrará no seguinte link:

▶ http://editoraj.us/baixar-qr-ios

Os vídeos estão indicados no sumário pelo símbolo:

www.editorajuspodivm.com.br

Rua Território Rio Branco, 87 – Pituba – CEP: 41830-530 – Salvador – Bahia
Tel: (71) 3045.9051
• Contato: https://www.editorajuspodivm.com.br/sac

Copyright: Edições *Jus*PODIVM

Conselho Editorial: Eduardo Viana Portela Neves, Dirley da Cunha Jr., Leonardo de Medeiros Garcia, Fredie Didier Jr., José Henrique Mouta, José Marcelo Vigliar, Marcos Ehrhardt Júnior, Nestor Távora, Robério Nunes Filho, Roberval Rocha Ferreira Filho, Rodolfo Pamplona Filho, Rodrigo Reis Mazzei e Rogério Sanches Cunha.

Diagramação e Capa: Maitê Coelho *(maitescoelho@yahoo.com.br)*

G666g   Goretti, Ricardo.
             Gestão adequada de conflitos/ Ricardo Goretti – Salvador: Editora JusPodivm, 2019.
             208 p.

             Bibliografia.
             ISBN 978-85-442-2943-9.

             1. Conflitos. 2. Litígios em geral. 3. Meios amigáveis de terminar os conflitos I. Goretti, Ricardo. II. Título.

                                                                    CDD 341.162

Todos os direitos desta edição reservados à Edições *Jus*PODIVM.

É terminantemente proibida a reprodução total ou parcial desta obra, por qualquer meio ou processo, sem a expressa autorização do autor e da Edições *Jus*PODIVM. A violação dos direitos autorais caracteriza crime descrito na legislação em vigor, sem prejuízo das sanções civis cabíveis.

Um mestre precisa ter uma utopia do futuro e um desencanto do passado. Um mestre tem que desejar, sentir falta do amanhã e contaminar, contagiar a todos a quem ajuda, com este mesmo sentimento da ausência de algo que seria bom ter. (Luis Alberto Warat)

Para Lúcio José de Lacerda Santos,
meu amado pai.

Agradecimentos

À Nossa Senhora Aparecida, por guiar-me no sentido da consolidação da minha crença em Deus e na humanidade.

À Letícia, minha esposa, companheira e grande incentivadora, por todo apoio e alegria que me transmite diariamente.

Aos os meus filhos, Gabriel e André, que tanto me inspiram.

Aos meus pais, Lúcio e Maria Odília, que desde cedo me ensinaram que tudo é possível para aqueles que empreendem esforços no sentido da realização de metas e sonhos.

Ao meu irmão, Lúcio, e ao meu tio-irmão, Beto, dois grandes parceiros na vida.

Aos professores Antonio José Ferreira Abikair, Elda Coelho de Azevedo Bussinguer, Jorge Abikair Neto e Paula Castello Miguel, a minha gratidão por todas as oportunidades acadêmicas e profissionais confiadas, que me permitiram desenvolver (como aluno, professor e coordenador do Curso de Direito da Faculdade de Direito de Vitória – FDV) um projeto de formação de profissionais do Direito para a gestão adequada de conflitos.

Ao professor Bruno Costa Teixeira, pelas valiosas contribuições prestadas, com a criação de soluções tecnológicas para problemas enfrentados durante o processo que culminou no desenvolvimento de uma pedagogia da gestão adequada de conflitos.

Agradeço também aos meus alunos que, no exercício cotidiano do diálogo sobre os mais diversos métodos e técnicas de prevenção e resolução de relações conflituosas, contribuíram, decisivamente, para a consolidação de um projeto de formação de profissionais do Direito pautado no exercício da Pedagogia da Gestão Adequada dos Conflitos.

Prefácio

Acabara de me inteirar do conteúdo primoroso do livro *Mediação e Acesso à Justiça* de autoria do professor Dr. Ricardo Goretti, quando recebi o honroso convite formal para prefaciar sua recente obra, *Gestão Adequada de Conflitos*.

Dr. Ricardo foi uma grata ocorrência no decorrer do II Congresso Internacional de Mediação, realizado em Porto Alegre/RS, nos dias 11 de 12 de junho de 2018, quando, juntos, conferenciamos sobre a realidade ou a utopia da mediação no Brasil e no mundo. Sua fala entusiasmou-me não só pela ratificação da relevância desse processo resolutivo, mas, principalmente, por ter tido a oportunidade de assistir ao que veio à luz nesses últimos anos no seio acadêmico onde a mediação realmente começou e precisa continuar.

Pude degustar novas nuanças substantivas e processuais e também questionamentos vetoriais em sentidos diversos, próprios do desenvolvimento e solidificação de matérias fundamentais voltadas para o fortalecimento das relações humanas. O que antes não saía do papel agora começa a tomar vida e chamar a atenção de doutos.

Estou falando da escolha de processos alternativos aos meios tradicionais, judiciais, de lidar com conflitos e solucioná-los. Mais ainda, de adequação de um sistema moderno, composto pela arbitragem, a conciliação, a negociação e, especialmente, pela mediação como facilitador e propiciador de resolução, na sua compostura de destrinchar os meandros explicadores e clareadores de fatos e sentimentos que compõem a intrincada estrutura do conflito.

Desde as primeiras linhas do primeiro livro aqui mencionado, foi possível vislumbrar o sério e profundo comprometimento do autor com o processo mediativo, sua teoria e pragmatismo como caminho de judiciosidade, condutor de entendimentos e acordos e, sobretudo, desencadeador da satisfação de pessoas ou grupos de pessoas, como consequência do tratamento dado a seus conflitos ou contendas.

Isso porque a especialidade da mediação, mesmo dentro do rol dos processos privados, salienta-se por suas peculiaridades únicas. Mediante seus dois princípios primordiais, poder absoluto das partes e neutralidade do mediador, coloca-se a serviço de conflitantes numa plenitude e compleição não encontrada em qualquer outro processo.

Dr. Ricardo não só faz esse reconhecimento como propõe o escrutinamento de conflitos a serem encaminhados para a mediação numa forma inteligente de gerir disputas realizando o já conhecido conceito de múltiplas portas para além das dos tribunais, alcançando todas as casas receptoras de conflitos a serem resolvidos.

Na obra em epígrafe, Dr. Ricardo empreende um exame do vórtex estagnador do fluxo de resultados positivos na sua busca por saneamento. Identificou os pontos cruciais provocados pelo inadequado tratamento de gestão de disputas, principalmente na escolha dos processos utilizados para sua resolução, e acatou o desafio de enfrentar um a um.

Iniciou pelo mais contundente, a educação sobre os processos mais conhecidos e usados, redefinindo-os e sublinhando o que cada um deles pode oferecer para ser mais eficiente. Ratifica sua proposta explícita em publicação anterior, da barganha entre o ensino tradicional, com suas estruturas jurídicas compartimentalizadas, desenhada num enquadramento mecânico e artificial, *versus* a liberdade e expansão da busca individual personalizada.

Mas vai além, ao atentar para um futuro complicado da atividade jurídica/judicial regular. Basta mencionar o número de leis, regulamentos, portarias, decretos e outras normas existentes no universo consultivo de advogados, promotores, defensores públicos e magistrados. São cifras que vão além da casa de bilhões e, mesmo assim, não conseguem se encaixar plenamente nos casos concretos ou diminuir o fluxo de demandas que desembocam no Judiciário.

Toda sua produção é oferecida com o invólucro de fundamentos filosóficos, de causalidade, correspondência, energia e outros, mencionando a busca do autoconhecimento como instrumento de harmonização e interação dos elementos da mediação.

Disseca a mediação como processo, técnica e filosofia e a recomenda para conflitos envolvendo relações que pedem continuação. Diagnóstico esse fruto das conclusões de sua robusta pesquisa acadêmica. Além disso, sinaliza a trajetória resolutiva do conflito verso à sua construtividade.

Nesse contexto, chama a atenção para o atual panorama da humanidade, no qual os fluidos e fugidios liames entre as pessoas, como indivíduos ou integrantes de grupos atrelados a seus conflitos, clamam por tratamento condizente, desapegado de poderes e autoridades alheios ao protagonismo da situação conflituosa. As premissas hipotéticas preestabelecidas, derivadas de entendimentos mecânicos e desvinculadas do caso concreto, argumenta com razão o autor, estão desarticuladas para responder aos anseios de justiça.

E nunca se falou tanto em justiça. Sintoma, no dizer de Platão, de que a sociedade está faminta disso. Quero crer que tal observação impulsionou sua audaciosa proposta de magnetismo entre moral, direito e justiça guardados no arcabouço de conceitos próprios e singulares em cada ser humano.

Com esse farol, o professor Ricardo Goretti apresenta, por meio de sofisticada técnica, em um primoroso contexto pedagógico e didático, culminado num fluxograma condutor e facilitador, um inédito manual para gestão de conflitos.

Dessa forma, abre portas para a busca do conhecimento capaz de enfrentar o que o autor denomina liquidez moderna provocadora de crise no ensino de um modo geral, em todos os níveis, notadamente o jurídico. E essa crise, no campo cognitivo aplicado do autor, redundou nesta louvável obra acadêmica, como tal universal.

Conclama, então, nesta nova realidade um olhar atento a manobras do movimento de incongruência da sociedade para desvendar caminhos, em um estudo da gênese dos conflitos que a aflige, e sua conformação com vistas à adaptação de uma nova fórmula de percepção e resolução. Para tanto, busca um novo horizonte para o conhecimento jurídico reequiparando seu instrumental tradicional, aristotélico e cartesiano, ajustando-o e mesmo modificando-o à luz de uma visão humanista celular.

O autor demonstra, por meio de silogismos próprios, o quão improdutivos e geradores de insatisfação e de novas encruzilhadas são os conflitos tratados de forma inadequada e geridos por caminhos desqualificados. E o faz percorrendo a trajetória do fenômeno conflituoso com sua conformação bipolarizada mas, em resposta, apresentando técnicas já consagradas oriundas de vários ramos do conhecimento, como a comunicação e sua escuta ativa, por exemplo, que são ações aptas ao clareamento de situações impactadas por sentimentos não manifestados, falta de acolhida e, principalmente, sem oportunidade de interação com o outro lado do conflito.

Permeia sua demonstração, como não poderia deixar de ser quando se fala de direitos, de correspondente e pertinente legislação. Sem maiores críticas, utiliza-se dos recursos legais e regulatórios do CPC/2015, da Lei nº 13.140, marco da mediação, de 26 de julho de 2015, da Resolução nº 125, de 29 de novembro de 2010, dentre outros dados do CNJ.

Ainda nos faz palmilhar um panorama factual com farta exemplificação, tanto teórica quanto técnico/acadêmica, enriquecida por uma valorosa tese pedagógica. E o faz esmiuçando, sinalizando e apresentando o estacionamento dos seus estudos em um patamar legitimado pelo Núcleo de Pesquisa Jurídica do Curso de Graduação da prestigiosa Faculdade de Direito de Vitória, onde é professor e coordenador.

Na vasta exemplificação, colocou e tratou o conflituado como um ser humano, com suas falas próprias, suas dores escondidas ou somatizadas, em uma demonstração de sensibilidade, envolvendo-se no tema com amorosa visão dos destinos do homem na sua dor vivencial e existencial.

Nesse nível, encontramos o primor de experimentação que faz do seu trabalho não só um exemplo a ser seguido, mas também um marco para o destino do estudo jurídico no Brasil, pois, na sua faina salutar, apresenta também uma via teórica de capacitação para profissionais com aptidão e interesse no campo de resolução de conflitos, que tenham inteligência voltada para a anatomia do conflito caracterizada pela abismal diferença entre solução e resolução e, principalmente, aceitem o desafio.

Diante desta breve antecipação, mais do que recomendar, instigo o mundo acadêmico, jurídico ou não, bem como o campo ativo de profissionais da resolução de conflitos a se debruçarem sobre o trabalho exposto no livro aqui presente e refletir sobre a matéria. Quiçá enveredar por um novo e assépctico veio de ideias simples, mas poderosas, que vertem de encontro às intrincadas e complexas situações de conflito para realizar as desejadas harmonia e paz social.

Não posso deixar de demonstrar, com palavras, meu entusiasmo em ver materializados no resultado dos esforços do Dr. Ricardo Goretti os anseios de todos aqueles que viveram, lutaram e revezaram o sonho da possibilidade de provocar resultados satisfatórios para conflitos levados a escritórios de advocacia, consultórios de psicologia, ou mesmo na sua nascente, no seio de organizações, famílias, comunidades, escolas e tantos outros ambientes.

Na qualidade missionária de magistério, irmanizo-me com o idealizador e executor desta tarefa antevendo novas e longas fileiras de aficionados empenhados em fazer possível uma rede privada de operadores de conflitos para estudá-los, resolvê-los ou ensinar a resolvê-los.

Tenho certeza de que serão muitas as vozes a agradecer por este trabalho colocado em benefício e a serviço de usuários e profissionais em várias áreas, seja por carência de oitiva, reconhecimento ou aceitação, seja por falta de instrumental de labor ou isolados de parceiros nessa jornada de justiça.

Finalmente, gostaria de agradecer ao professor Dr. Ricardo Goretti pela confiança depositada em nossas mãos para o delicado encargo de antecipar esta obra, pois sei que muito mais haverá para ser dito ou escrito e que este texto somente ratifica minha admiração pela envergadura do trabalho aliada à convicção de reconhecimento do desmensurado préstimo que este livro oferecerá para estudiosos, instrutores, praticantes e favorecidos da pacificação.

8 de maio de 2019

Maria de Nazareth Serpa PhD
International Mediation Professor

Sumário

Introdução 23

1

O ensino jurídico e a cultura da gestão inadequada dos conflitos de interesses 33

1.1 O ensino jurídico brasileiro em tempos de crise: uma crise diferente das anteriores 33

1.2 A utilidade do conhecimento jurídico em tempos de constante mudança: reflexões sobre alguns desafios impostos às academias de Direito 39

1.3 A cultura da gestão inadequada dos conflitos: considerações sobre sua origem, efeitos e perspectivas de superação 44

2

Gestão adequada de conflitos na teoria e na prática 51

2.1 Por quais motivos muitos conflitos são geridos de forma inadequada? 53

2.2 Como gerir adequadamente um conflito? 55

2.2.1 As três etapas do processo de gestão adequada de conflitos 56

2.2.1.1 Diagnóstico do conflito: primeira etapa do processo de gestão adequada de conflitos 61

2.2.1.1.1 O conflito e seus elementos estruturais:
as posições e os interesses em jogo 65

» Caso 1 – Conflito entre Ana e Carlos:
exemplo de correspondência entre posição e interesse 68

» Caso 2 – Conflito entre Lucas e Paulo:
exemplo de correspondência entre posição e interesse 68

» Caso 3 – Conflito entre Tereza e Maurício:
exemplo de correspondência entre posição e interesse 69

» Caso 4 – Conflito entre Joana e Marcos:
exemplo de contradição entre posição e interesse 70

» Caso 5 – Conflito entre Gustavo e Francisco:
exemplo de contradição entre posição e interesse 70

» Caso 6 – Conflito entre Márcia e Antonio:
exemplo de contradição entre posição e interesse 71

2.2.1.1.2 Atribuições do gestor de conflitos no desenvolvimento
dos três níveis de aprofundamento da escuta ativa................................... 72

» O primeiro nível de aprofundamento da escuta ativa................ 73

» O segundo nível de aprofundamento da escuta ativa 74

» Técnica de reafirmação 75

» Técnica de resumo 77

» O terceiro nível de aprofundamento da escuta ativa.................. 79

» Técnica de pergunta fechada (ou de encaminhamento)............ 80

» Técnica de pergunta aberta (ou de aprofundamento) 81

» Técnica de pergunta circular... 82

» Técnica de pergunta hipotética... 84

2.2.1.1.3 O passo a passo do diagnóstico do conflito:
atribuições, competências e habilidades exigidas 86

2.2.1.2 Escolha do método adequado: segunda etapa
do processo de gestão adequada de conflitos 90

2.2.1.2.1 Fluxograma indicativo de critérios de escolha do método
de gestão de conflitos adequado às particularidades do caso concreto 90

2.2.1.2.2 Os métodos de prevenção e resolução de conflitos
contemplados no fluxograma 91
- » Orientação individual 92
- » Orientação coletiva 92
- » Processo judicial individual 92
- » Processo judicial coletivo 93
- » Arbitragem 93
- » Serventia extrajudicial 94
- » Negociação direta 97
- » Negociação assistida 97
- » Conciliação 98
- » Mediação 99

2.2.1.2.3 A metodologia do fluxograma e suas etapas
de desenvolvimento 101

2.2.1.2.4 O passo a passo do processo de escolha
do método adequado, exemplificado em casos hipotéticos 105

    ▢ Caso 1 – Conflito entre João (proprietário de um restaurante) e Pescado & Cia. (empresa fornecedora de frutos do mar): detalhamento do percurso mental que leva o gestor de conflitos à escolha do método mais adequado para o caso concreto .. 109

    ▢ Caso 2 – Conflito entre Pedro (proprietário de uma padaria) e Moinhos (empresa especializada no fornecimento de farinha para padarias): detalhamento do percurso mental que leva o gestor de conflitos à escolha do método mais adequado para o caso concreto 120

    ▢ Caso 3 – Conflito entre Beatriz e seu pai (abandono afetivo): detalhamento do percurso mental que leva o gestor de conflitos à escolha do método mais adequado para o caso concreto .. 128

    ▢ Caso 4 – Conflito entre uma empresa de laticínios e uma empresa prestadora de serviços: detalhamento do percurso mental que leva o gestor de conflitos à escolha do método mais adequado para o caso concreto 139

- Caso 5 – Conflito entre Pedro e Alice: detalhamento do percurso mental que leva o gestor de conflitos à escolha do método mais adequado para o caso concreto 143
- Caso 6 – Conflito entre uma empresa construtora e uma empresa prestadora de serviço de fundação: detalhamento do percurso mental que leva o gestor de conflitos à escolha do método mais adequado para o caso concreto 153

2.2.1.3 Execução do método adequado: terceira etapa do processo de gestão adequada de conflitos 158

3

Diretrizes para a prática da pedagogia da gestão adequada de conflitos nos cursos de Direito: Relato de experiências do autor na Faculdade de Direito de Vitória (FDV) 161

3.1 A importância da teoria e da prática da gestão adequada de conflitos nos cursos de direito 164

3.2. Alterações metodológicas que podem tornar a gestão de conflitos um tema transversal 170

» Como o problema da fragmentação do modelo de ensino foi superado no NPJ/FDV? 171

» Como o problema da dificuldade de avaliação da correta utilização do fluxograma por alunos do NPJ/FDV foi superado? 173

» Como o problema do lapso temporal de seis semestres que separavam a disciplina Conflitos e suas Soluções da Prática Jurídica Real no NPJ/FDV foi superado? 193

Conclusão 195

Referências 201

Apêndice – Fluxograma indicativo de critérios de escolha do método de gestão de conflitos adequado ao caso concreto 205

Introdução

Por *gestão adequada de conflitos* entende-se a prática de cognição, condução e resolução de situações conflituosas, promovida mediante o emprego do método ou técnica que melhor atenda às particularidades do caso concreto.

O estudo dessa prática no âmbito dos Cursos de Direito, tem sua relevância projetada no plano prático, em função de dois fatores fortemente presentes no Brasil: *a)* a crescente busca por alternativas capazes contribuir para a amenização dos efeitos de uma crise que aflige o Judiciário brasileiro, gerados por um complexo emaranhado de obstáculos à efetivação do direito fundamental de acesso à justiça; *b)* a carência, no âmbito judicial e extrajudicial, de profissionais do Direito preparados para a adequada aplicação de métodos e técnicas diversificados de prevenção e resolução de conflitos, respeitando-se as particularidades do caso concreto.

A conjugação desses dois fatores levou o Conselho Nacional de Justiça (CNJ) a instituir, por meio da Resolução nº 125, de 29 de novembro de 2010, uma *Política Judiciária Nacional de Tratamento Adequado dos Conflitos de Interesses no Âmbito do Poder Judiciário*, tendente a promover a difusão da mediação e da conciliação no Brasil. Uma política que visa a assegurar o *direito à solução dos conflitos por meios adequados à sua natureza e peculiaridade*.

No rol de competências do CNJ, estabelecidas no art. 6º da Resolução, destaca-se, no inciso V, o compromisso firmado com a busca de cooperação das instituições públicas e privadas de ensino, "[...] para a criação de disciplinas que proporcionem o surgimento da cultura da solução pacífica dos conflitos".

O advento da *Política Judiciária Nacional de Tratamento Adequado dos Conflitos de Interesses no Âmbito do Poder Judiciário*, instituída pela Resolução nº 125/2010 do CNJ, associado à regulamentação da prática no âmbito do Código de Processo Civil de 2015 e da Lei de Mediação (nº 13.140, de 26 de julho de 2015), indica que a difusão de métodos alternativos ao processo judicial é uma tendência nacional, tardia se comparada com o desenvolvimento da mediação, conciliação, negociação e arbitragem em outros países. Mas, como se verá neste livro, um longo caminho deve ser percorrido até que a gestão adequada dos conflitos seja incorporada à prática jurídica brasileira.

Faz-se necessária, então, uma reformulação no modelo tradicional de ensino jurídico, centrado no uso do processo como via primária de gestão de conflitos, sem maiores preocupações com a análise de adequação do método de intervenção (processo judicial individual ou coletivo, orientação jurídica individual ou coletiva, arbitragem, serventia extrajudicial, negociação direta ou assistida, conciliação ou mediação) às particularidades do caso concreto (o conflito que se pretende prevenir ou solucionar). Um modelo de ensino arcaico e que, em grande medida, pode ser apontado como causa da *cultura da gestão inadequada de conflitos*, assim compreendida como o conjunto de comportamentos adquiridos e reproduzidos por profissionais do Direito, que os levam a fazer uso aleatório de métodos e técnicas de prevenção e resolução de conflitos, sem maiores preocupações com as particularidades do caso concreto.

Essa mudança de paradigma é uma condição para que os profissionais do Direito sejam receptivos à prática dos chamados métodos alternativos ao processo e saibam aplicá-los de forma adequada, considerando as particularidades das relações conflituosas que lhes sejam manifestadas em um dado caso concreto. Mas para tanto, não basta que as instituições de ensino jurídico promovam "[...] a criação de disciplinas que proporcionem o surgimento da cultura da solução pacífica dos conflitos", tal como recomendado no art. 6º, V, da Resolução nº 125 do CNJ.

A mudança cultural que o CNJ busca consagrar no âmbito das instituições de ensino e da prática jurídica, requer a tomada de um conjunto de medidas, além da criação de uma disciplina teórica que aborde a temática da solução pacífica de conflitos, destinadas à formação de profissionais do Direito sensíveis e preparados para a prática da gestão adequada de conflitos.

Nesta obra, dedicamo-nos a demonstrar que uma mudança paradigmática nesse modelo de ensino e prática jurídica, centrado no processo, que ainda prevalece no Brasil, passa pelo desenvolvimento de estratégias pedagógicas que proporcionem o desenvolvimento de três competências e habilidades essenciais para um profissional do Direito no século XXI: *a)* interpretar ou diagnosticar as particularidades de um quadro conflituoso; *b)* escolher o método de prevenção e resolução de conflitos que melhor atenda às particularidades do caso concreto; *c)* aplicar tecnicamente os diferentes métodos e técnicas de gestão de conflitos disponíveis aos profissionais do Direito, tais como o processo judicial (individual e coletivo), a orientação jurídica (individual e coletiva), a arbitragem, a negociação assistida, a conciliação e a mediação.

Ao processo de desenvolvimento dessas competências e habilidades essenciais para o exercício da atividade sequenciada de cognição, condução e resolução de situações conflituosas, promovido mediante o emprego do método ou técnica que melhor atenda às particularidades do caso concreto, confere-se o nome de *pedagogia da gestão adequada de conflitos*.

O desenvolvimento desse conjunto de competências e habilidades, no âmbito dos Cursos de Direito, é um desafio que exige das instituições de ensino superior de Direito a realização de ações estratégicas dirigidas à formação de *gestores de conflitos*, assim considerados os estudantes e profissionais do Direito que se dediquem às atividades de prevenção e resolução de relações conflituosas.

O presente livro socializará a experiência desenvolvida pelo seu autor em estudos e intervenções direcionadas à formação de estudantes e profissionais do Direito para a prática da gestão adequada de conflitos. Esse exercício de socialização se traduz no objetivo principal deste estudo, qual seja: contribuir para o desenvolvimento da *pedagogia da gestão adequada de conflitos* no âmbito da prática jurídica. A consagração desse objetivo passa pela realização de investigações e reflexões que foram traçadas em três itens de desenvolvimento.

O item I, intitulado *O ensino jurídico e a cultura da gestão inadequada dos conflitos de interesses*, aborda alguns dos desafios que recaem sobre as instituições de ensino superior em tempo de crise do sistema brasileiro de justiça e do ensino do Direito. Analisa também a constituição de duas representações conceituais que concorrem para o desenvolvimento da *cultura de gestão inadequada dos conflitos* no berço da formação dos profissionais do Direito. São elas: *a)* o *arquétipo da judicialização*; e *b)* o *senso comum teórico do jurista*. Os conceitos em questão são analisados, respectivamente, a partir dos referenciais teóricos de Carl Gustav Jung (sobre conteúdos do inconsciente coletivo, apreendidos sob a forma de categorias herdadas, aplicados no âmbito do ensino e da prática jurídica) e de Luis Alberto Warat (sobre o conjunto de conceitos, crenças, mitos, representações e dogmas que afastam o jurista do pensamento complexo e, consequentemente, da realidade, dando origem ao chamado *senso comum teórico do jurista*).

O item II, intitulado *Gestão adequada de conflitos na teoria e na prática*, é subdividido em duas etapas de desenvolvimento: *a)* inicialmente, revela os motivos pelos quais conflitos são geridos de forma inadequada por muitos profissionais do Direito; *b)* na sequência, a título de contribuição para a superação da cultura da gestão inadequada dos conflitos, apresenta diretrizes para a gestão adequada de conflitos.

No contexto dessas orientações sobre como gerir adequadamente um conflito, são desenvolvidas considerações relativas às competências e habilidades que devem nortear a atuação de profissionais do Direito na prática da gestão adequada de conflito. Competências e habilidades que devem ser desenvolvidas no âmbito das Academias Jurídicas, como condição para a superação da *cultura da gestão inadequada de conflitos*. São elas: *a)* interpretar ou diagnosticar as particularidades de um quadro conflituoso; *b)* escolher o método de prevenção e resolução de conflitos que melhor atenda às particularidades do caso concreto; *c)* aplicar tecnicamente os diferentes métodos e técnicas de gestão de conflitos disponíveis aos profissionais do Direito, tais como o processo judicial (individual e coletivo), a orientação jurídica, a arbitragem, a negociação assistida, a conciliação e a mediação.

Na sequência, são delimitadas as três etapas de um processo de gestão adequada de conflitos, a saber: *a)* o *diagnóstico* do conflito; *b)* a *escolha do método adequado* mediante a realização de *testes de falseamento* das possibilidades de encaminhamento disponíveis; e *c)* a *execução do método adequado* às particularidades do conflito concretamente deduzido.

As considerações sobre o desenvolvimento das três etapas desse processo são instruídas com a proposição de métodos e técnicas que permitirão ao leitor compreender o passo a passo que deve ser realizado para que um conflito seja gerido de forma adequada.

Como fazer o diagnóstico de um conflito? Como escolher o método que melhor atenda às particularidades de um dado quadro conflituoso? Essas perguntas devem ser respondidas na presente obra de forma objetiva e prática.

As orientações para a realização da escolha do método que melhor atenda às particularidades de um dado caso concreto são subsidiadas pela proposição de um método de orientação para o desenvolvimento dessa atividade, estruturado na forma do fluxograma que acompanha o APÊNDICE deste livro.[1]

---

1. As três etapas do processo de gestão adequada de conflitos, assim como o sistema de orientação para a escolha do método adequado às particularidades do caso concreto

Constituído por critérios racionais e objetivos de orientação, o referido instrumento pode ser utilizado por qualquer gestor de conflitos (estudantes de Direito, advogados, promotores de justiça, defensores públicos, negociadores, conciliadores, mediadores, juízes, servidores vinculados aos Centros Judiciários de Solução de Conflitos e Cidadania, agentes de Programas de Proteção e Defesa do Consumidor (Procons), notários e registradores autorizados a prestar serviços de autocomposição, dentre outros profissionais que se dediquem à tarefa de prevenção e resolução de conflitos) como uma espécie de guia para a escolha do método que melhor atenda às particularidades de uma dada relação conflituosa que se pretenda prevenir ou pacificar.

Para que o leitor tenha uma melhor compreensão das competências, habilidades e atribuições exigidas de um gestor de conflitos, em cada fase do processo de gestão adequada de conflitos, lançamos mão de alguns casos hipotéticos representados no relato de pessoas em situação de conflito. Esses casos fictícios se desenvolvem a partir da relação que se estabelece entre cliente e advogado, no primeiro encontro realizado entre eles, em um escritório de advocacia, oportunidade na qual são verbalizados os primeiros contornos do conflito.

Os relatos reproduzidos textualmente contemplam informações que permitirão ao leitor exercitar as duas primeiras etapas do

---

foram desenvolvidas pelo autor desta obra em tese de doutoramento defendida no Programa de Pós-Graduação Stricto Sensu em Direitos e Garantias Fundamentais da Faculdade de Direito de Vitória (FDV), no mês de abril de 2016. A tese, intitulada *Políticas públicas de efetivação da mediação pelo Poder Judiciário e o direito fundamental de acesso à justiça*, foi publicada pela Editora Juspodivm, em 2017, com o título *Mediação e Acesso à Justiça*.

processo de gestão adequada de conflitos: o diagnóstico e a escolha do método adequado.

A leitura de cada caso hipotético e dos comentários relacionados permitirá que o leitor se coloque na condição de gestor de conflitos, experimentando as sensações e desafios inerentes ao exercício dessa função.

Visando a proporcionar ao leitor uma noção mais real sobre os desafios inerentes ao desenvolvimento das duas primeiras etapas do processo de gestão adequada de conflitos, será disponibilizada a opção de acesso aos relatos de verbalização de cada conflito exemplificado, no formato de vídeo.

Isso significa que o mesmo conteúdo reproduzido textualmente será disponibilizado em vídeos protagonizados por atores profissionais que interpretam o papel de clientes do advogado gestor de conflitos. O acompanhamento da narrativa dos vídeos tornará o exercício ainda mais real, como se o cliente estivesse olhando nos seus olhos, manifestando suas emoções.

O acesso aos vídeos é realizado de forma bastante simples, via *Quick Response (QR) Code*.

Para tanto, o leitor deve possuir um telefone celular com câmera integrada e acesso à internet.

O leitor deverá também baixar, gratuitamente, no seu aparelho de celular, um aplicativo leitor de *QR Code*.

As orientações para a utilização dessa ferramenta serão prestadas no desenvolvimento do texto.

Finalmente, o item III da presente obra, intitulado *Diretrizes para a prática da pedagogia da gestão adequada de conflitos nos Cursos de Direito: relato de experiências do autor na Faculdade de Direito de Vitória (FDV)*, descreve o conjunto de ações realizadas no Curso de Direito da FDV, com vistas ao desenvolvimento das competências e habilidades exigidas na formação de estudantes e profissionais capacitados para o exercício da gestão adequada de conflitos, mediante o emprego de dez métodos de intervenção contemplados no fluxograma, a saber: a orientação jurídica individual; a orientação jurídica coletiva; a negociação direta; a negociação assistida; a conciliação; a mediação; a arbitragem; o processo judicial individual; o processo judicial coletivo; e as serventias extrajudiciais.

Nesta etapa final, compartilhamos a experiência que desenvolvemos, em quinze anos de exercício da docência sobre métodos plurais de prevenção e resolução de conflitos, doze dos quais também dedicados à coordenação do Curso de Direito da FDV, com absoluta transparência e espírito acadêmico, revelando os erros e os acertos praticados no processo de implementação daquilo que chamamos de Pedagogia da Gestão Adequada de Conflitos.

O **ensino jurídico**
e a cultura da gestão inadequada dos conflitos de interesses

1.1 O ENSINO JURÍDICO BRASILEIRO EM TEMPOS DE CRISE: UMA CRISE DIFERENTE DAS ANTERIORES

A *cultura da gestão inadequada dos conflitos*[1] é um dos traços característicos do estado de crise no qual se encontra o ensino jurídico brasileiro. Para um melhor entendimento sobre os elementos caracterizadores dessa conjuntura, necessário se faz

---

1. Por *cultura da gestão inadequada de conflitos* entende-se o conjunto de comportamentos adquiridos e reproduzidos por profissionais do Direito, que os levam a fazer uso aleatório de métodos e técnicas de prevenção e resolução de conflitos, sem maiores preocupações com as particularidades do caso concreto.

contextualizar o ensino do Direito no tempo (o atual estágio da modernidade) e no espaço (a sociedade brasileira).

A *crise no ensino brasileiro* é tema desgastado no discurso de especialistas em educação, em nível fundamental, médio e superior. O ensino do Direito não é poupado desse discurso.

Crise é uma palavra que pode ser empregada no âmbito da educação para traduzir a expressão de situações indesejadas ocorridas nos processos de ensino e aprendizagem, que se estabelecem no cotidiano das relações aluno-aluno, aluno-professor, aluno-instituição, professor-professor, professor-instituição e instituição-instituição.

Apesar de normalmente ser associado a conjunturas extremamente negativas, o vocábulo *crise* também pode ser utilizado para representar situações desafiadoras, carregadas de medos e indefinições quanto aos rumos de um futuro incerto, favoráveis à realização de mudanças nas ações do passado, que se tornam defasadas quando deixam de produzir bons resultados no presente.

Crises são ambivalentes (MORIN; VIVERET, 2013, p. 9). São determinadas por fatores indesejados, que estimulam a realização de questionamentos e o surgimento de novas ideias, favorecendo a tomada de decisões e a consequente geração de mudanças. Essa ambivalência justifica a possibilidade de análise do fenômeno *crise* a partir de duas perspectivas antagônicas: uma tradicional, carregada de negatividade e pessimismo, que traduz a expressão de fenômenos negativos e, portanto, indesejados; e outra menos usual e mais otimista, que se apega ao caráter transformador inerente aos eventos com potencial para a geração de mudanças positivas. No presente livro, trabalharemos com a segunda perspectiva, por ser mais coerente com o caráter transformativo da educação: uma referência ao conjunto inesgotável de transformações que podem ser geradas no âmbito das relações de ensino e aprendizagem, que provavelmente não seriam alcançadas se não fosse por influência das crises.

Em "tempos líquidos", expressão cunhada por Zygmunt Bauman (2007) para ilustrar o atual estágio da era moderna, vivemos um período de constante transição, marcado por uma tendência de liquefação das instituições e das estruturas sociais.

A "modernidade líquida" (BAUMAN, 2009, p. 7), tal como descrita pelo sociólogo polonês, é um tempo marcado por mudanças metaforicamente caracterizadas pela *fluidez*: qualidade típica dos gases que marca o nosso tempo, afetando a dinâmica das relações intersubjetivas e a estabilidade das instituições.

Diferentemente dos sólidos que se perpetuam no tempo, mantendo inalteradas suas estruturas, os fluidos se movem facilmente, alterando suas formas e dimensões. A relação que se estabelece entre a mobilidade dos fluidos e o atual estágio no qual nos encontramos assim foi descrita por Zygmunt Bauman (2005, p. 57-58):

> A principal força motora por trás desse processo tem sido desde o princípio a acelerada 'liquefação' das estruturas e das instituições sociais. Estamos agora passando da fase 'sólida' da modernidade para a fase 'fluida'. E os 'fluidos' são assim chamados porque não conseguem manter a forma por muito tempo e, a menos que sejam derramados num recipiente apertado, continuam mudando de forma sob a influência até mesmo das menores forças. Num ambiente fluido, não há como saber se o que nos espera é uma enchente ou uma seca – é melhor

estar preparado para as duas possibilidades. Não se deve esperar que as estruturas, quando (se) disponíveis, durem muito tempo. Não serão capazes de aguentar o vazamento, a infiltração, o gotejar, o transbordamento – mais cedo do que se possa pensar, estarão encharcadas, amolecidas, deformadas e decompostas. Autoridades hoje respeitadas amanhã serão ridicularizadas, ignoradas, desprezadas; celebridades serão esquecidas; ídolos formadores de tendências só serão lembrados nos *quizz shows* da TV; novidades consideradas preciosas são atiradas nos depósitos de lixo; causas eternas são descartadas por outras com a mesma pretensão de eternidade (embora tendo chamuscado os dedos repetidas vezes, as pessoas não acreditem mais); poderes indestrutíveis se esfacelarão e se dissiparão, importantes organizações políticas ou econômicas serão engolidas por outras ainda mais poderosas ou simplesmente desaparecerão; capitais sólidos se transformarão no capital de todos; carreiras vitalícias promissoras mostrarão ser becos sem saída.

Em uma "sociedade líquido-moderna", a ideia de eternidade perde fundamento, uma vez que "[...] as condições sob as quais agem seus membros mudam num tempo mais curto do que aquele necessário para a consolidação, em hábitos e rotinas, de formas de agir" (BAUMAN, 2009, p. 7). Os processos de ensino e aprendizagem são fortemente impactados por esse fenômeno, pelas razões que serão expostas a seguir.

Professores e alunos são cada vez mais exigidos em termos de atualização do conhecimento, visando à adaptação ao ritmo acelerado das mudanças que impactam a rotina da sala de aula, assim como os hábitos e formas de agir daqueles que a ocupam. Isso se aplica ao ensino fundamental, médio e superior.

Apesar de desgastada, a *crise da educação* não perdeu sua atualidade no nosso tempo líquido. Mas é necessário reconhecer que seus contornos e dimensões hoje são bem distintos daqueles do passado. A atual crise da educação é diferente das anteriores, justamente por ser agravada por influência da volatilidade dos eventos e das incertezas quanto aos rumos do futuro.

Em tempos líquidos, a progressão do conhecimento deve se dar pela capacidade que o sujeito desenvolve de contextualizar e englobar os fenômenos, conferindo pertinência ao seu próprio conhecimento. Para tanto, o sujeito deve se adequar à complexidade do nosso tempo, rompendo com o paradigma da simplificação da realidade e seus princípios de disjunção, de abstração e de redução. Ele deve se preparar para enfrentar um futuro incerto (o inesperado), consciente do fato de que o ensino e a aprendizagem só terão utilidade se forem continuados e vitalícios (MORIN, 2011, p. 192-193).

A *educação vitalícia*, pautada na busca incessante do conhecimento provisório, deve tornar o estudante capaz de viver a própria realidade, enfrentar desafios inerentes ao futuro incerto, assumir responsabilidades, fazer escolhas. No caso específico da educação jurídica, deve levar o sujeito a fazer as escolhas corretas, ou seja: a saber prevenir e solucionar conflitos mediante o emprego de métodos adequados às particularidades do caso concreto.

Da tensão entre o saber fragmentado (forjado no paradigma da simplificação) e a complexidade dos fenômenos sociais (como os conflitos de interesses) resulta a inadequação de muitos instrumentos jurídicos utilizados na busca da estabilização das relações sociais. O mais usual deles é o processo judicial, que muitas vezes não se revela capaz de atender às particularidades de muitas relações conflituosas por dois motivos principais: *a)* a influência dos elementos caracterizadores da crise do nosso Sistema de Justiça, tais como a morosidade, o acúmulo de processos pendentes de julgamento, a falta de recursos humanos e materiais, dentre tantos outros; e *b)* o fato de que, em algumas situações, a arquitetura do processo (o desenho dos procedimentos estabelecidos pela legislação processual) não se revela adaptada para atender às particularidades de relações conflituosas que demandam intervenções específicas (de facilitação do diálogo e fortalecimento da relação entre as partes, por exemplo) não contempladas pelo instrumento processual.

Se a sociedade e a vida líquido-moderna são marcadas pela impossibilidade de se manter a forma preservada por muito tempo, o ensino e a prática jurídica não poderiam ser imunes à essa influência. É cada vez mais comum observar, no meio jurídico, que dogmas e mitos historicamente cultivados como verdades e virtudes perdem força, passando a ser questionados, revisados e superados por novas concepções, lançadas com a mesma pretensão de perenidade. A inclinação para o uso desmedido do processo judicial enquadra-se no rol de hábitos ou formas de agir do profissional do Direito, que podem a ser superadas com a popularização de métodos alternativos ao processo judicial (como mediação, conciliação, negociação, arbitragem, serventias extrajudiciais, dentre outros) e a adoção das medidas que serão expostas no desenvolvimento da presente obra.

1.2 A UTILIDADE DO CONHECIMENTO JURÍDICO EM TEMPOS DE CONSTANTE MUDANÇA: REFLEXÕES SOBRE ALGUNS DESAFIOS IMPOSTOS ÀS ACADEMIAS DE DIREITO

As profissões e instituições do Direito, por mais tradicionais que sejam, não são poupadas da lógica da constante adaptação que a realidade em permanente transformação requer. Se a advocacia de hoje não é mais a advocacia do passado, com maior razão não será a mesma no futuro.

Diferentes empresas de tecnologia ganham espaço no mercado com a oferta de dispositivos inteligentes, capazes de desempenhar funções típicas de um advogado, por exemplo: a realização de pesquisas jurisprudenciais; a organização e gerenciamento de processos; a produção de petições iniciais, contestações, recursos, contratos, defesas administrativas, acordos e outros documentos; a identificação do perfil decisório de órgãos do Poder Judiciário; a análise de cenários e da probabilidade de êxito de um cliente em uma dada demanda judicial; e até mesmo a atribuição de respostas, funcionando como uma espécie de consultor jurídico virtual, de alta performance. O Watson, desenvolvido pela IBM, é um desses dispositivos que operam por inteligência artificial.

Fazendo uso de programas e sistemas de inteligência artificial, esses dispositivos inteligentes são capazes de desempenhar tarefas com a celeridade e a precisão que um ser humano jamais poderia atingir. Por esse motivo, os chamados advogados robôs dividem opiniões.

Para alguns profissionais e estudantes de Direito, a chegada desses robôs é recebida como uma grande ameaça. Os mais pessimistas fazem previsões catastróficas para o futuro dos advogados, projetando para eles a mesma destinação de profissões como a de frentista, em extinção, por força da mecanização do processo de prestação do serviço de abastecimento.

Já os mais otimistas (e assim nos consideramos) avaliam essa tendência de forma positiva, reconhecendo a contribuição que podem prestar em termos instrumentais. Acreditam que, se utilizados como uma espécie de assistentes jurídicos, os chamados robôs inteligentes podem desempenhar funções que demandariam tempo e dedicação, com eficiência, proporcionando um melhor padrão de qualidade para o profissional que passa a ter mais tempo disponível para o desenvolvimento de atividades intelectuais e de atendimento ao cliente.

No plano do inevitável, negar a realidade ou insistir em fazer apenas aquilo que hoje o robô pode desempenhar, com eficiência superior, não parece ser razoável ou inteligente. A saída passa a ser: fazer uso desses dispositivos como ferramentas de trabalho e investir no desenvolvimento de atividades que os robôs não podem desempenhar, por exigirem, na relação com o cliente, a expressão da sensibilidade humana.

O mesmo pensamento se aplica às demais profissões jurídicas, que devem se adaptar ao ritmo acelerado das mudanças ocorridas na prática jurídica, tais como: *a)* a utilização da inteligência artificial e de outras tecnologias na prática jurídica; *b)* as constantes mudanças legislativas; *c)* o desenvolvimento de mecanismos mais complexos de interpretação normativa, fundados na lógica de uma maior aproximação do direito e da justiça com questões de ordem moral; *d)* o surgimento de uma nova hermenêutica constitucional, desenvolvida a partir de uma visão reconfigurada da

Constituição, vista como sistema aberto de regras e princípios; *e)* o acúmulo de processos nos tribunais e a consequente incapacidade de processamento das lides pela via tradicional do processo; e *f)* a tendência de difusão de métodos alternativos (ao processo judicial) de gestão de conflitos, como a arbitragem, a negociação, a conciliação e a mediação.

É nesse contexto de transformações que o papel da Ciência do Direito passa a ser cada vez mais questionado, especialmente no que diz respeito à utilidade do conhecimento jurídico para a vida líquido-moderna. Se muitas verdades e soluções clássicas do passado já não servem para explicar ou resolver problemas do presente, com maior razão, não se prestarão ao enfrentamento dos acontecimentos que nos reservam um futuro incerto. Nesse sentido, é necessário que o profissional do Direito esteja preparado para saber agir localmente, superando obstáculos e aproveitando as oportunidades conferidas em contextos profissionais reformulados.

Assim que os alunos dos Cursos de Direito devem ser instigados a reduzir os riscos inerentes ao enfrentamento dos muitos desafios de um futuro incerto, mediante a realização de ações de valorização de *três atividades essenciais no âmbito do ensino do Direito*: *a)* a constante atualização do conhecimento, como forma de preservação da sua utilidade; *b)* a valorização de outros conhecimentos ou saberes, com a pretensão de se atingir uma melhor compreensão da complexidade inerente aos fenômenos que nos cercam; e *c)* o desenvolvimento de competências e habilidades capazes de levar o educando a lidar com os desafios de um futuro profissional que não se pode dimensionar. Essas três atividades, quando realizadas no âmbito das academias de Direito, podem resultar na formação de profissionais atualizados, contextualizados, resilientes e prudentes, tal como demandam as sociedades líquido-modernas.

Um dos principais desafios da prática jurídica no Brasil, seguramente, é a superação da *cultura da gestão inadequada dos conflitos*, já definida como o uso aleatório de métodos e técnicas de prevenção e resolução de conflitos sem qualquer sintonia com as particularidades do caso concreto. Essa cultura que se desenvolve no berço da formação dos profissionais do Direito, em grande medida, explica: o fenômeno da judicialização de conflitos que poderiam ser geridos de forma mais adequada se utilizados fossem técnicas e métodos alternativos ao processo judicial e, consequentemente; o progressivo acúmulo de processos nos tribunais[2].

Traços da cultura da gestão inadequada dos conflitos podem ser observados em diversas situações que revelam a falta de rigor

---

2. A 14ª edição do Relatório Justiça em Números 2018 (ano base 2017), do Conselho Nacional de Justiça (CNJ) revela que 29,1 milhões de casos novos ingressaram no Poder Judiciário brasileiro. No período compreendido entre os anos de 2009 e 2017, o crescimento da demanda foi de 18,3%. O número de processos baixados foi superior ao número de casos novos, totalizando 31 milhões. O índice de atendimento à demanda foi, portanto, de 106,5%. Problema mais grave do que o volume de casos novos é a quantidade de casos pendentes de julgamento, que se acumulam para os anos seguintes. O Poder Judiciário brasileiro finalizou o ano de 2017 com 80,1 milhões de processos em tramitação, aguardando uma solução definitiva. O acúmulo de processos é crescente. No período compreendido entre os anos de 2009 e 2017, o número de casos pendentes de julgamento no Judiciário brasileiro cresceu 31,9%. A taxa de congestionamento, que mede o percentual de processos que ficaram represados sem solução, em relação ao total de processos que tramitaram no período de um ano, foi de 72,1%. O total de despesas no ano de 2017 foi de R$ 90,8 bilhões, sem contar os gastos do Supremo Tribunal Federal (STF) e do Conselho Nacional de Justiça (CNJ), que não foram revelados.

de profissionais do Direito na escolha e aplicação do método ou técnica que melhor atenda às particularidades do caso concreto.

A título de exemplificação, destaca-se a conduta: *a)* de advogados e defensores públicos que promovem o ajuizamento de ações, visando à resolução de conflitos que poderiam ser administrados melhor extrajudicialmente, pela via da negociação, conciliação, mediação e arbitragem; *b)* de magistrados e outros servidores que fazem uso indiscriminado da conciliação, sem saber ao certo em quais circunstâncias a sua prática é recomendada, ou em quais casos o uso da mediação teria melhor indicação; *c)* de promotores de justiça que realizam medidas judiciais individuais, quando poderiam atuar com mais intensidade no âmbito extrajudicial ou coletivo, beneficiando um número maior de pessoas; *d)* de promotores de justiça que desempenham a prática da mediação conflitos assumindo uma condição de imparcialidade que muitas vezes não lhe compete, desvirtuando sua missão constitucional de defesa de muitos direitos que não poderiam ser reivindicados sem parcialidade; *e)* e de agentes dos Procons que utilizam indiscriminadamente a conciliação, sustentando uma postura imparcial que não lhes compete, quando deveriam assumir uma posição parcial, de defesa dos interesses do consumidor vulnerável, no âmbito da negociação ou do processo administrativo;[3] e *f)* de estudantes do Direito que, no exercício de atividades acadêmicas de atendimento nos Núcleos de

---

3. Para um conhecimento mais aprofundado sobre as razões da crítica à prática da conciliação no âmbito dos Procons, recomendamos a leitura de pesquisa realizada em coautoria com o professor Igor Rodrigues Britto, disponível para consulta em artigo eletrônico dedicado à defesa da tese de que os agentes dos órgãos de proteção e defesa dos interesses de consumidores melhor cumpririam sua missão constitucional se assumissem uma postura negociadora, de representação dos interesses da parte vulnerável que lhe compete assistir (SANTOS; BRITTO, 2009, p. 281-306).

Prática Jurídica, restringem-se ao ajuizamento de ações individuais e à realização de sessões de conciliação, ignorando muitas vezes outras possibilidades de gestão de conflitos, como a mediação, a negociação, a arbitragem ou a orientação jurídica.

Mas qual seria a origem da *cultura da gestão inadequada dos conflitos*? A resposta será construída na sequência.

1.3 A CULTURA DA GESTÃO INADEQUADA DOS CONFLITOS: CONSIDERAÇÕES SOBRE SUA ORIGEM, EFEITOS E PERSPECTIVAS DE SUPERAÇÃO

A origem e os efeitos da *cultura da gestão inadequada dos conflitos*[4] podem ser compreendidos pela conjugação de dois fenômenos fortemente presentes no âmbito do ensino e da prática jurídica: *a)* o *arquétipo da judicialização*; e *b)* o *senso comum teórico do jurista*. Esses conceitos serão desenvolvidos a partir dos referenciais teóricos de Carl Gustav Jung e Luis Alberto Warat.

Se a superação da cultura da gestão inadequada de conflitos passa pela educação, a primeira medida a ser adotada nos Cursos de Direito para que essa mudança paradigmática se concretize é a superação do *arquétipo da judicialização*: uma referência a uma inclinação para a utilização do processo como via primária de gestão de conflitos, sem maiores preocupações com a adequação

---

4. Já definida como o conjunto de comportamentos adquiridos e reproduzidos por profissionais do Direito, que os levam a fazer uso aleatório de métodos e técnicas de prevenção e resolução de conflitos, sem maiores preocupações com as particularidades do caso concreto.

do método ou da técnica processual às particularidades do caso concreto. Uma prática que desconsidera a individualidade dos conflitos e que contraria a lógica do caráter secundário da jurisdição, que posiciona o Judiciário como instância de resolução dos conflitos de interesses que não puderam ser resolvidos, de forma autônoma, por outras vias como a arbitragem, a negociação, a mediação e tantas outras consideradas primárias.

Na definição de Carl Gustav Jung (2015, p. 12), *arquétipos* são "[...] conteúdos do inconsciente coletivo[5]"; "categorias herdadas" (2014, p. 26) que se consolidam no imaginário coletivo sem nunca terem alcançado o limiar da consciência humana.

Diferentemente dos conteúdos inconscientes de natureza individual ou pessoal, cujas origens, manifestações e efeitos são percebidos no passado do próprio sujeito, o inconsciente coletivo ou impessoal não se desenvolve individualmente. Isso significa que o inconsciente coletivo é herdado, ou seja: é constituído por formas preexistentes chamadas de arquétipos. E é justamente por não serem imanentes que os arquétipos podem ser superados mediante o desenvolvimento de medidas de conscientização e desmistificação que caracterizam a noção de *contra-arquétipo* (GONÇALVES, 2014, p. 181).

---

5. "O inconsciente coletivo é uma parte da psique que pode distinguir-se de um inconsciente pessoal pelo fato de que não deve sua existência à experiência pessoal, não sendo, portanto, uma aquisição pessoal. Enquanto o inconsciente pessoal é constituído essencialmente de conteúdos que já foram conscientes e, no entanto, desapareceram da consciência por terem sido esquecidos ou reprimidos, os conteúdos do inconsciente coletivo nunca estiveram na consciência e, portanto, não foram adquiridos individualmente, mas devem sua existência apenas à hereditariedade. Enquanto o inconsciente pessoal consiste em sua maior parte de *complexos*, o conteúdo do inconsciente coletivo é constituído essencialmente de *arquétipos*" (JUNG, 2014, p. 51).

No caso específico do *contra-arquétipo da judicialização*, a superação se daria mediante a realização de medidas pedagógicas de superação de um senso comum que confere sustentação a uma cultura predominante nos cursos de Direito: a *cultura da judicialização*.

A *cultura da judicialização* resulta, basicamente, da expressão de uma *cultura normativista* que se consolida por força da incidência de três fatores historicamente cultivados como dogmas no âmbito das academias de Direito: *a)* a cultura generalista; *b)* a preferência por tudo aquilo que é institucional e burocraticamente formatado; e *c)* o distanciamento do jurista da realidade. Esses três traços de manifestação da *cultura normativista*, segundo Boaventura de Sousa Santos (2011, p. 84-85), conferem perenidade a um modelo de ensino refratário a mudanças, pautado por tradições fracassadas e saberes sacralizados, cultivados como dogmas. Um modelo absolutamente incompatível com a realidade do nosso tempo líquido-moderno.

A *cultura generalista* está centrada na crença de que somente o magistrado detém a competência genérica para resolver conflitos, mediante o desenvolvimento de processos racionais de interpretação e aplicação de normas jurídicas. Já a *preferência por tudo aquilo que é institucional e burocraticamente formatado* é o que justifica, em grande medida, a preferência pelo uso do processo judicial e a descrença ou aversão de muitos profissionais do Direito às vias de acesso à justiça alternativas ao processo. Finalmente, o *distanciamento do jurista da realidade* pode ser percebido no comportamento do jurista que, apesar de compreender o Direito na sua relação com os autos, desconhece a relação dos autos com a realidade (SANTOS, 2011, p. 85).

A consolidação desses três fatores constitutivos da cultura normativista influencia decisivamente o desenvolvimento de um processo de afirmação de construções ideológicas restritivas da realidade jurídica, chamadas por Luis Alberto Warat (1994a, p. 13) de *senso comum teórico do jurista*.

Metaforicamente, a expressão *senso comum teórico do jurista* "[...] designa as condições implícitas de produção, circulação e consumo das verdades nas diferentes práticas de enunciação e escritura do Direito" (WARAT, 1994a, p. 13), sendo assim caracterizado "[...] como a voz 'off' do direito, como uma caravana de ecos legitimadores de um conjunto de crenças, a partir das quais podemos dispensar o aprofundamento das condições e das relações que tais crenças mitificam" (WARAT, 2004, p. 32).

As verdades jurídicas produzidas por esses discursos de legitimação, segundo Luis Alberto Warat (2004, p. 32), são construídas por: *a)* conceitos separados das teorias que os produziram; *b)* um arsenal de hipóteses vagas e, às vezes, contraditórias; *c)* opiniões costumeiras; *d)* premissas não explicitadas e vinculadas a valores; *e)* assim como por metáforas e representações do mundo. Esses elementos, que conferem racionalidade a um discurso apartado da realidade, são cultivados como tabus, revelando a natureza mítica de um processo de "feitichização do direito" (WARAT, 1994b, p. 91).

O conjunto de crenças, representações, ficções, conceitos e preconceitos que regula o discurso e o comportamento do jurista, revelando a natureza mítica de muitas verdades (como a noção de que o processo seria o único instrumento apto a proporcionar a solução de conflitos com segurança jurídica), é produzido e reproduzido nas bases da sua formação, ou seja: nas academias de Direito.

É por essa razão que afirmamos: o desafio da superação do senso comum teórico do jurista é também uma questão de educação.

O ensino do Direito é uma das principais fontes de transformação da prática jurídica, motivo pelo qual não pode coadunar com essa crença mitológica em preceitos imutáveis, cultivados como dogmas. Para que os acadêmicos sejam preparados para a vida, que é dinâmica por essência, o ensino do Direito deve ser pautado no reconhecimento da complexidade dos eventos sociais e jurídicos e não no paradigma da simplificação, da disjunção e redução do complexo ao simples, por meio de abstrações e generalizações que valorizam o *dever ser* em detrimento do *ser*.

Portanto, o reconhecimento da *complexidade do real* é uma exigência da qual o jurista não pode se afastar; um exercício que requer a emergência de um pensamento apto a "[...] perceber as ligações, interações e implicações mútuas, os fenômenos multidimensionais, as realidades que são, simultaneamente, solidárias e confusas" (MORIN, 2013, p. 76-77). Mas, para que a *complexidade do real* seja reconhecida, é preciso antes pensar o contexto.

Somente o *pensamento contextual* pode identificar as relações que se estabelecem entre um dado fenômeno social e o contexto no qual está inserido. A compreensão desse contexto, no âmbito da prática jurídica, requer um pensamento que seja capaz de captar algo que transcenda os aspectos legais que regulam as relações estabelecidas entre sujeitos em conflito. O pensamento complexo deve levar o jurista a compreender, ainda: *a)* os elementos fáticos que particularizam a relação conflituosa; *b)* as causas e os efeitos do conflito concretamente considerado; *c)* assim como os impactos positivos e negativos dos conflitos na sociedade.

Espera-se, então, que o jurista seja levado não só a reconhecer e compreender a conflituosidade social, como também a aprender a interpretar, prevenir e solucionar situações conflitivas mediante o emprego de métodos e técnicas plurais: funções básicas de um profissional do Direito.

Para tanto, estudantes do Direito devem ser levados a compreender que uma intervenção jurídica somente se revelará adequada se atender às particularidades do caso concreto, pois não há método ou técnica de intervenção jurídica que possam ser considerados aptos a atender às particularidades de todos os conflitos de interesses, que são únicos, irrepetíveis e concretos.

Isso significa que a intervenção jurídica adequada passa, necessariamente, pelo exercício de interpretação do conflito, ou seja: pela realização de um diagnóstico das particularidades do caso concreto. Mas, em regra, não é essa a lógica que impera nas academias jurídicas. O que nelas se observa é a prevalência de uma *cultura da judicialização*, refratária ao uso de métodos e técnicas plurais de prevenção e resolução de conflitos, tais como: a arbitragem, a negociação, a conciliação e a mediação.

O ensino do Direito pode e deve conjugar tradição e inovação, para que cumpra a função de janela para o mundo: uma espécie de prática a partir do qual a visão do real é descortinada. Deve considerar a amplitude das possibilidades de realização da justiça por vias plurais (não limitadas ao processo e ao exercício da jurisdição), sendo, desse modo, receptivo ao ensino da teoria e da prática da gestão adequada de conflitos.

A tendência nacional de difusão de diferentes práticas alternativas ao processo judicial traz consequências práticas importantes para os gestores de conflitos no Brasil, que serão cada vez mais demandados em termos de aplicação de métodos e técnicas diversificados de prevenção e resolução de conflitos.

A crise que aflige o Poder Judiciário nacional, associada à necessidade de superação da cultura da gestão inadequada de conflitos arraigada no âmbito da prática jurídica, torna imperioso o desenvolvimento de uma visão mais ampliada sobre as possibilidades de realização da justiça, mediante intervenções no âmbito coletivo, extrajudicial e preventivo.

Tais fatores recaem sobre esses profissionais do Direito como um convite ao estudo de práticas ainda pouco abordadas nas academias jurídicas, como a mediação, a conciliação, a negociação, a arbitragem e o processamento de conflitos perante serventias extrajudiciais. Métodos cujo exercício requer capacitação teórica e prática, além de uma constante atualização.

Esse cenário traz novas exigências e oportunidades para os Escritórios de Advocacia, Defensorias Públicas, Promotorias de Justiça, Núcleos de Prática Jurídica, Procons, Serventias Extrajudiciais e Centros Judiciários de Solução Consensual de Conflitos dos Tribunais. Assim, toda e qualquer instituição (pública ou privada) que se dedique à gestão de conflitos por vias plurais de prevenção e resolução deve passar por um processo de reestruturação das suas práticas, como condição para superação da cultura da gestão inadequada de conflitos.

Os profissionais que souberem fazer bom uso dessas novas frentes de atuação que se abrem em um mercado ampliado terão subsídios para explorar novas oportunidades de atuação. Caso contrário, enfrentarão o fenômeno da difusão dos chamados métodos alternativos ao processo judicial, em condições desfavoráveis.

Gestão adequada de conflitos
na teoria e na prática

O presente tópico será dedicado à delimitação das competências, habilidades e atribuições exigidas de um gestor de conflitos comprometido com a escolha e aplicação do método de intervenção que melhor se adapte às particularidades do caso concreto.

No plano das competências e habilidades, espera-se que o gestor de conflitos saiba: *a)* interpretar ou diagnosticar as particularidades de um quadro conflituoso; *b)* escolher o método de prevenção e resolução de conflitos que melhor atenda às particularidades do caso concreto; *c)* aplicar tecnicamente os diferentes métodos e técnicas de gestão de conflitos disponíveis aos profissionais do Direito.

Dentre os diversos métodos de prevenção e resolução de conflitos existentes e disponíveis para um gestor de conflitos como opções de encaminhamento, dez serão considerados no presente livro. São eles: orientação jurídica individual, orientação jurídica coletiva, processo judicial individual, processo judicial coletivo, arbitragem, negociação direta, negociação assistida, conciliação, mediação e o processamento perante serventias extrajudiciais.

No plano das atribuições, espera-se que o gestor de conflitos paute suas intervenções no percurso das três etapas de um processo de gestão adequada de conflitos, a saber: *a)* o *diagnóstico* do conflito; *b)* a *escolha do método adequado* – atividade que se dá mediante a realização de *testes de falseamento* das possibilidades de encaminhamento disponíveis, de acordo com a metodologia por nós idealizada na forma do fluxograma disponibilizado em APÊNDICE[1] e *c)* a *execução do método adequado* às particularidades do conflito concretamente deduzido.

Mas, antes de adentrar na análise das competências, habilidades e atribuições exigidas do profissional comprometido com a gestão adequada de conflitos, necessário se faz evidenciar os contornos da *gestão inadequada de conflitos*.

---

1. O fluxograma disponibilizado em APÊNDICE é parte integrante de um modelo de gestão de conflitos desenvolvido em tese de doutoramento intitulada *Políticas públicas de efetivação da mediação pelo Poder Judiciário e o direito fundamental de acesso à justiça*, defendida no Programa de Pós-Graduação Stricto Sensu em Direitos e Garantias Fundamentais da Faculdade de Direito de Vitória (FDV), no dia 15 de abril de 2016 e publicada em 2017, pela Editora JusPodivm, com o título *Mediação e acesso à justiça* (GORETTI, 2017).

2.1 POR QUAIS MOTIVOS MUITOS CONFLITOS SÃO GERIDOS DE FORMA INADEQUADA?

Os conflitos muitas vezes são administrados de forma inadequada por três razões principais, que serão comentadas na sequência. São elas:

- a *não realização do diagnóstico do conflito*;
- a *não utilização de critérios racionais e objetivos norteadores da escolha do método adequado*;
- a *desqualificação técnica de muitos gestores de conflitos* (advogados, defensores públicos, promotores de justiça, juízes, agentes de Procons, dentre outros) para a execução de métodos diversificados de prevenção e resolução de conflitos, notadamente os alternativos ao processo judicial.

A primeira razão consiste na *não realização de um diagnóstico* que permita ao gestor compreender as particularidades fáticas e jurídicas que individualizam o quadro conflituoso. Esse vício resulta na tomada de medidas genéricas e impróprias, de escolha de métodos ou técnicas incapazes de atender às especificidades da relação conflituosa que se pretende prevenir ou pacificar. O uso indiscriminado do processo judicial se justifica, em grande medida, na falta de clareza quanto às particularidades do conflito, ou seja: na não realização de um diagnóstico do conflito.

A segunda razão se caracteriza com a *não utilização de critérios racionais e objetivos norteadores da escolha do método adequado*. A escolha do método que melhor atenda às particularidades do caso concreto deve ser compreendida como uma atividade técnica, que exigirá do gestor critérios racionais e objetivos determinantes no sucesso de qualquer investida que se proponha a prevenir ou solucionar um conflito. A ausência desses critérios fatalmente levará o gestor de conflitos a tornar intuitiva, ou seja, pautada em subjetividades, a decisiva tarefa de escolha do método mais adequado para o caso concreto. Esse vício, igualmente, concorre para o uso indiscriminado do processo judicial, considerando que a ausência de critérios racionais e objetivos acaba por induzir o gestor do conflito a reproduzir suas práticas mais tradicionais, afastando o uso de métodos menos usuais no cotidiano da prática jurídica, tais como a arbitragem, a negociação, a mediação e o processamento perante serventias extrajudiciais.

A terceira razão compreende a *desqualificação técnica de muitos gestores de conflitos* para a execução de métodos diversificados de prevenção e resolução de conflitos, notadamente os alternativos ao processo judicial. Ainda hoje, conforme já evidenciado, observa-se que o ensino do Direito ainda está centrado no processo judicial. Consequentemente, muitos advogados, defensores públicos, promotores de justiça, juízes, agentes de Procons, notários e registradores autorizados a prestar serviços de autocomposição, dentre outros gestores de conflitos, não apresentam qualificação técnica necessária para o exercício de métodos, como a mediação, a conciliação, a negociação e a arbitragem. Essa desqualificação também concorre para o uso indiscriminado do processo judicial, considerando que, por razões de ordem prática, um profissional não fará uso de métodos que desconhece ou que não está habilitado a executar.

2.2 COMO GERIR ADEQUADAMENTE UM CONFLITO?

Já definimos a *gestão adequada de conflitos* como a prática de cognição, condução e resolução de situações conflituosas, promovida mediante o emprego do método ou técnica que melhor atenda às particularidades do caso concreto. A concretização dessa prática exigirá do gestor de conflitos um conjunto de competências, habilidades e atribuições sem as quais não seria possível superar os vícios delimitados no tópico anterior.

Esse entendimento nos levou ao desenvolvimento de pesquisas que culminaram com a proposição de um modelo de gestão de conflitos sustentado em um processo trifásico. O referido modelo foi sistematizado na obra *Mediação e Acesso à Justiça* (GORETTI, 2017).

No referido estudo, defendemos que a gestão adequada de conflitos é uma prática que se inicia com o *diagnóstico do conflito*, passa pela *escolha do método adequado*, para culminar com a *execução do método escolhido*. As três etapas do processo de gestão adequada de conflitos serão delimitadas no tópico seguinte.

Para que o leitor tenha uma melhor compreensão das competências, habilidades e atribuições exigidas de um gestor de conflitos, em cada fase do mencionado processo, lançaremos mão de alguns casos hipotéticos de conflitos de interesses que nos servirão como matrizes de interpretação e aplicação dos métodos e técnicas que serão apresentados na sequência.

2.2.1 As três etapas do processo de gestão adequada de conflitos

As três etapas constitutivas do processo de gestão adequada de conflitos são as seguintes: *a)* o *diagnóstico* do conflito; *b)* a *escolha do método adequado* – atividade que se efetiva, de acordo com a metodologia por nós idealizada, mediante a realização de *testes de falseamento* das possibilidades de encaminhamento disponíveis; e *c)* a *execução do método adequado* às particularidades do conflito concretamente deduzido.

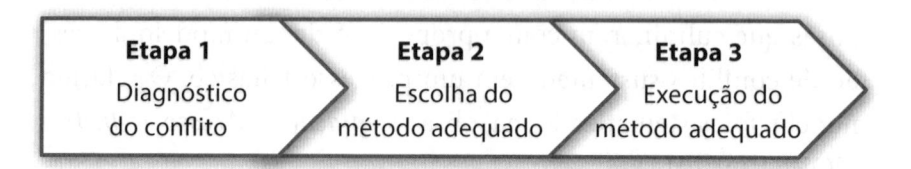

Etapa 1	Etapa 2	Etapa 3
Diagnóstico do conflito	Escolha do método adequado	Execução do método adequado

Antes de adentrar na descrição das três etapas do processo de gestão adequada de conflitos, oportunidade na qual serão delimitadas as atribuições exigidas do gestor de conflitos e os critérios que devem ser observados para que a atividade de gestão de conflitos seja regularmente realizada, pertinente se faz o desenvolvimento de algumas considerações sobre uma virtude que deve guiar as ações de qualquer profissional comprometido com a prática da gestão adequada de conflitos: a *prudência*.

Em obra intitulada *Ética e Direito* (2005), Chaïm Perelman asseverou que a solução mais adequada dos conflitos de interesses deve resultar do desenvolvimento de uma atividade dinâmica de interpretação e decisão, desempenhada concretamente. Ao realizar tal afirmação, o filósofo referiu-se à atuação do juiz no exercício da jurisdição. Mas é possível aplicar o mesmo entendimento em outros contextos profissionais, com algumas adaptações.

Em sentido mais amplo, pode-se afirmar que qualquer gestor de conflitos deve desempenhar atividades de interpretação e decisão como condição para o alcance da solução mais adequada para um conflito. A interpretação (aqui considerada como o *diagnóstico do conflito*) e a decisão (aqui concebida no sentido da *escolha do método* que melhor atenda às particularidades da relação conflituosa) são pressupostos necessários para a execução do método que proporcionará a pacificação do conflito.

A prática da gestão adequada de um conflito exigirá do seu gestor algumas *virtudes* e *critérios* racionais norteadores das suas intervenções, nas três etapas já anunciadas.

No âmbito das *virtudes* exigidas, duas são merecedoras de destaque: a *justiça* e a *prudência*. Essas virtudes racionais, segundo Chaïm Perelman (2005, p. 156), deveriam guiar o comportamento humano em qualquer circunstância e não somente na gestão de conflitos.

Justiça e prudência são consideradas virtudes racionais pelo seguinte motivo: não há ação humana que possa ser qualificada como prudente ou justa sem a observância de regras e critérios norteadores.

A observância de regras e critérios será exigida até mesmo na prática de métodos autocompositivos norteados pelos princípios da informalidade e da flexibilidade, como a mediação, a conciliação e a negociação. O respeito à ordem de fala estabelecida entre ou para as partes é uma das regras básicas da autocomposição. Já a prévia definição de um piso mínimo[2] pelas partes pode ser

---

2. "Por definição, o piso mínimo é uma posição que não se pretende modificar" (FISHER; URY; PATTON, 1994, p. 118). Trata-se de um critério ou parâmetro utilizado por negociadores como forma de proteção contra resultados insatisfatórios

apontada como exemplo de critérios para a prática da autocomposição.

Apesar de pouco prestigiada na formação de profissionais do Direito, a prudência também deve ser reconhecida como uma virtude essencial no processo de gestão adequada de conflitos, notadamente em sua segunda etapa de desenvolvimento: a *escolha do método adequado*.

Em matéria de gestão de conflitos, a prudência pode ser considerada a mais importante virtude de um gestor de conflitos, porque condição para a realização da justiça. Mas o que seria a prudência, por definição?

Prudência, segundo Chaïm Perelman (2005, p. 156), é a virtude que nos leva a fazer as melhores escolhas, orientando-nos a agir de modo a atingir os resultados mais úteis. É a virtude que permite ao sujeito escolher os meios mais seguros e vantajosos, menos onerosos e inconvenientes, de alcançarmos os nossos fins, como a realização da justiça, por exemplo.

Para ser considerado prudente e, assim, concorrer para a construção de uma solução mais vantajosa, conveniente e justa, menos onerosa e desgastante para as partes em conflito, um gestor de conflitos deve preencher cinco requisitos fundamentais.

O primeiro requisito a ser preenchido por um gestor de conflitos prudente é o reconhecimento da ideia de que os conflitos

---

que deveriam rejeitar. A título de exemplo, pode-se dizer que um piso mínimo seria: o valor mínimo aceitável por um indivíduo detentor de um crédito; ou o valor máximo que um devedor aceitaria pagar para quitar uma dívida.

surgem no contexto das relações humanas como eventos naturais, resultantes dos inevitáveis processos de interação humana. Isso significa que, onde quer que haja indivíduos em processo de interação, haverá conflito. Trata-se, portanto, de uma realidade da qual não é possível fugir, como bem ressaltou Maria de Nazareth Serpa (1999, p. 24), ao aduzir que "[...] onde quer que tenha existido ou exista um ser humano, se encontra conflito".

O segundo requisito a ser preenchido por um gestor de conflitos prudente é a percepção de que os conflitos de interesses são únicos, irrepetíveis, concretos. É justamente por serem diferentes uns dos outros que os conflitos devem receber o tratamento adequado às particularidades que os caracterizam. O não reconhecimento dessa realidade, ou seja, a generalização do tratamento conferido às relações conflituosas, fatalmente levará o gestor de conflitos a não observar muitas particularidades que devem ser consideradas no caso concreto, como condição para a superação do conflito.

O terceiro requisito a ser preenchido por um gestor de conflitos prudente é a sensibilidade e capacitação técnica específica para identificar e interpretar as particularidades de cada relação conflituosa. A sensibilidade levará o gestor a captar os elementos revelados (o dito) e velados (o não dito) do quadro conflituoso. Já a capacitação potencializará o olhar do intérprete sobre o seu objeto de intervenção: o conflito **concretamente** considerado.

Essa atividade de identificação e interpretação levará o gestor de conflitos a elaborar diagnósticos (análises descritivas **realizadas** a partir de uma mirada **para** o passado – o acontecido) ou prognósticos (análises **descritivas** desenvolvidas a partir de uma mirada para o futuro – o que está por acontecer) para o caso concreto.

O quarto requisito a ser preenchido por um gestor de conflitos prudente é a capacidade de identificar, dentre as diversas opções de encaminhamentos jurídicos possíveis e disponíveis (orientação jurídica individual ou coletiva, processo judicial individual ou coletivo, arbitragem, negociação direta ou assistida, conciliação, mediação ou processamento perante serventias extrajudiciais), o método que melhor atende às peculiaridades do caso concreto, qual seja: o *método mais adequado*.

O quinto requisito é a aptidão para executar o método por ele identificado como o mais adequado para o caso concreto. A título de exemplificação, registramos que: se o método mais adequado for a mediação, o gestor deve se apresentar como um profissional capacitado tecnicamente para mediar as partes em conflito; se o método mais adequado para o caso concreto for a orientação jurídica individual, o gestor deve dominar as questões de Direito que serão aplicadas na orientação ao sujeito; se o método mais adequado for o processo judicial individual, o gestor deve estar preparado para tomar as medidas judiciais cabíveis.

Os cinco requisitos acima delimitados serão exigidos do gestor de conflitos durante o percurso lógico e sequencial das três etapas constitutivas do processo de gestão adequada de conflitos: *a)* o *diagnóstico* do conflito; *b)* a *escolha do método adequado* – atividade que se concretiza, de acordo com a metodologia por nós idealizada, mediante a realização de *testes de falseamento* das possibilidades de encaminhamento disponíveis; e *c)* a *execução do método adequado* às particularidades do conflito concretamente deduzido.

2.2.1.1 Diagnóstico do conflito: primeira etapa do processo de gestão adequada de conflitos

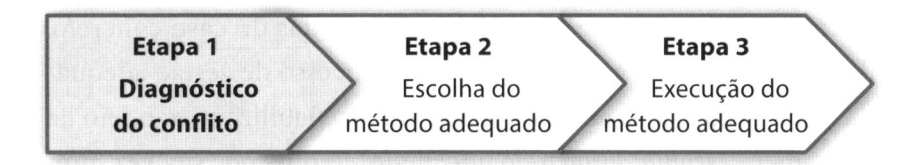

Etapa 1	Etapa 2	Etapa 3
Diagnóstico do conflito	Escolha do método adequado	Execução do método adequado

O *diagnóstico do conflito* compreende o exercício interpretativo que permitirá ao gestor identificar os elementos constitutivos do quadro conflituoso, ou seja: aquilo que o caso concreto vela (os elementos ocultos do conflito, que devem ser trazidos à tona) e revela (as informações manifestadas espontaneamente pelas partes).

Antes de adentrarmos na delimitação das providências, competências e habilidades exigidas de um profissional na etapa de diagnóstico do conflito, convidamos o leitor a refletir sobre os efeitos danosos produzidos por uma prática inadequada bastante comum entre profissionais do Direito, a saber: o hábito de dar encaminhamentos ao conflito sem prévio diagnóstico das suas particularidades.

Muitos profissionais do Direito não se dedicam à realização do diagnóstico do conflito. E, quando o realizam, executam a atividade de interpretação de forma intuitiva, ou seja: sem o rigor técnico exigido para que as particularidades do quadro conflituoso sejam compreendidas de tal modo que se torne viável a escolha de um método de intervenção mais adequado ao perfil do conflito. Tais práticas revelam como inadequadas são as intervenções de muitos gestores de conflitos na relação que estabelecem com as partes e o conflito.

A título de exemplo, tem-se a prática comum, entre muitos advogados e defensores públicos, de dar encaminhamento judicial a conflitos relatados por seus clientes e assistidos, sem antes identificar as particularidades muitas vezes veladas do caso concreto. A não realização da primeira etapa do processo de gestão adequada de conflitos (o *diagnóstico do conflito*) inviabiliza o exercício da segunda (a *escolha do método adequado*), o que, por sua vez, prejudica a consagração do resultado almejado, a saber: a pacificação do conflito.

Movido pelo propósito de sensibilizar o leitor para a percepção dos danos decorrentes da prática de dar encaminhamentos ao conflito sem prévio diagnóstico das suas particularidades, a título de recurso argumentativo, faremos uso da analogia à atuação de profissionais médicos nas relações que estabelecem com seus pacientes e as enfermidades deles.

Vejamos, então, como se desenvolve a relação que se estabelece entre o médico, o paciente e a enfermidade.

Uma intervenção médica que busque um tratamento apto a proporcionar a cura de uma dada enfermidade somente poderá ser realizada mediante prévio exame clínico (testes físicos e anamnese) e propedêutico (investigação complementar laboratorial, de imagem etc.) no paciente enfermo. Em outras palavras, para que seja considerado adequado, o tratamento médico deve ser precedido de um criterioso diagnóstico da enfermidade que aflige o paciente atendido. Por esse motivo, jamais se admitirá que um médico prescreva um determinado medicamento para o seu paciente ou que realize uma intervenção cirúrgica, sem prévia análise do seu quadro clínico, ou seja: sem um diagnóstico da enfermidade que o acomete.

A prescrição de um medicamento ou a realização de uma intervenção cirúrgica, quando realizadas sem prévia compreensão das especificidades da doença, são práticas consideradas inaceitáveis não somente no meio médico, como também na leitura do senso comum.

Ainda que um enfermo solicite ao seu médico a prescrição de um dado medicamento ou a realização da intervenção cirúrgica que ele próprio acredite ser a mais indicada para o tratamento da doença que o acomete, espera-se que o profissional não acate os pedidos do paciente, se entender, após a realização de um diagnóstico aprofundado, que a medida pleiteada não é a mais adequada para o caso concreto.

Essa breve analogia à relação que se estabelece entre o médico, o paciente e a enfermidade nos permite constatar que a enfermidade está para o médico, assim como o conflito está para o profissional do Direito.

Se um médico não pode prescrever um medicamento ou realizar uma intervenção cirúrgica sem o prévio diagnóstico das particularidades da sua enfermidade, também não poderia o Direito promover qualquer encaminhamento jurídico ao conflito sem antes compreender as especificidades do caso conflituoso que se propõe a gerir. Se a cura de uma doença passa pela tomada de decisão pela realização de uma intervenção médica adequada às particularidades do caso clínico, a pacificação de um conflito também deveria ser buscada mediante a utilização do método adequado às suas particularidades.

Tão reprovável quanto uma intervenção médica realizada sem prévio diagnóstico de uma enfermidade (por exemplo, a prescrição de antidepressivos para pacientes que apresentem um quadro não diagnosticado de doença pulmonar crônica), deveria ser considerada a atitude de um gestor que promove qualquer encaminhamento jurídico sem prévia análise das particularidades do conflito que pretende ver pacificado.

O mesmo sentimento de reprovação que insurge da intervenção médica não precedida de um diagnóstico da enfermidade deveria recair sobre gestores de conflitos que promovem encaminhamentos jurídicos (como o ajuizamento de uma ação, por exemplo) sem prévia análise das particularidades do caso concreto. Mas não é o que se observa na prática.

Percebe-se no meio jurídico um certo conformismo ou sentimento de naturalização desse tipo de intervenção que é inadequada e imprudente. Inadequada por não considerar as particularidades do caso concreto e imprudente por levar as partes conflitantes a se submeterem a um método de intervenção judicial ou extrajudicial que pode não ser capaz de produzir os resultados que o caso concreto requer.

O descompasso entre as intervenções jurídicas e as particularidades dos conflitos manifestados a muitos profissionais do Direito é uma realidade que só poderá ser superada com formação de profissionais para a prática da gestão adequada de conflitos.

O comportamento criticado tem origem na tradição de um ensino jurídico voltado para o processo, que não privilegia o exercício de interpretação do objeto de intervenção do profissional do Direito: o conflito. Ao passo que um estudante de Medicina dedica seus anos inaugurais de estudo ao diagnóstico dos diferentes tipos de doença que podem acometer seres humanos, para, somente nos períodos finais de sua formação, aventurar-se no sentido do tratamento ou cura, em regra, um estudante de Direito dedica-se, no primeiro ano do curso, a aprender como superar conflitos no processo judicial, sem prévia preparação para o percurso da primeira etapa do processo de gestão adequada de um conflito: o *diagnóstico do conflito*.

2.2.1.1.1 O conflito e seus elementos estruturais: as posições e os interesses em jogo

O termo *conflito* é compreendido como "[...] uma relação entre partes em que ambas procuram a obtenção de objetivos que são, podem ser, ou parecem ser, para alguma delas, incompatíveis" (HIGHTON; ÁLVAREZ, 2008, p. 41-42).

Trata-se de um processo dinâmico de interação humana no qual a ação de uma parte influencia a reação da outra parte que, por sua vez, provoca na primeira novas ações e reações que conferem movimento cíclico ao conflito e intensidade aos confrontos dos seus atores. Essa dinâmica de confrontação pode ser impulsionada pelo antagonismo de dois elementos estruturais do conflito, que serão analisados na sequência: os *interesses* e as *posições* sustentadas pelas partes.

Interesses são sentimentos que representam as reais aspirações dos seres humanos nos seus incessantes processos de interação e busca por satisfação de desejos ou necessidades.

Na definição de Elena I. Highton e Gladys S. Álvares (2008, p. 43), os interesses constituem sentimentos afetos à ordem dos desejos e necessidades humanas, que tendem a ocupar posição central no pensamento e nas ações dos indivíduos, como fatores determinantes na configuração das suas intenções, metas e ações.

Os interesses de um indivíduo que se encontre em situação de conflito não podem ser confundidos com as posições por ele sustentadas. As *posições* correspondem àquilo que os indivíduos em situação de conflito declaram ou acreditam necessitar, para os fins de satisfação dos seus desejos e necessidades básicas. As pretensões verbalizadas pelas partes conflitantes podem ou não ser correspondentes aos reais interesses em jogo.

Dentre os elementos caracterizadores de uma posição, destacam-se os seguintes:

- as posições são, sempre, manifestadas por intermédio de verbos, como querer, pedir, exigir, buscar.

A título de exemplificação, registra-se o discurso enfático de um indivíduo que se dirige a alguém para lhe dizer:

> Eu quero ser indenizado!

- as posições também podem ser caracterizadas pela ênfase dada a fundamentos legais, de justiça ou merecimento.

A título de exemplificação, registra-se o discurso de um indivíduo que se dirige a alguém para lhe dizer:

> Exijo uma indenização por entender merecida em razão dos danos que me foram causados!

- as partes, reiteradamente, insistem ou afirmam-se na verbalização das suas posições.

A título de exemplificação, registra-se o discurso de um indivíduo que se dirige a alguém para lhe dizer:

> Mais uma vez devo lhe dizer que exijo uma indenização por entender ser devida!

- as posições geralmente são sustentadas com firmeza e certa rispidez, despertando no destinatário uma reação de enfrentamento, reprovação ou até mesmo ira.

A título de exemplificação, registra-se o discurso de um indivíduo que se dirige a alguém para lhe dizer:

> Você responderá por suas ações irresponsáveis e danosas, quando for condenado a pagamento de uma indenização!

Em qualquer situação de conflito, as posições são evidenciadas de forma explícita pelas partes conflitantes, correspondendo ao aspecto manifesto do conflito, de fácil e rápida constatação. Disso resulta concluir que, para identificar a posição de um indivíduo em uma dada situação de conflito, basta ouvir o seu discurso de verbalização daquilo que ele diz necessitar.

Já os *interesses* de um indivíduo, conforme já registrado, podem ou não ser espontaneamente revelados. No primeiro caso, de revelação espontânea, tem-se a correspondência entre posições e interesses. É o que se observa nos três casos abaixo relatados.

→ **Caso 1 – Conflito entre Ana e Carlos:** **exemplo de correspondência entre posição e interesse**

Carlos enfrenta um problema conjugal, caracterizado pela fragilização dos processos de comunicação com a esposa Ana. Visando à *preservação do casamento* (interesse real em destaque), Carlos dirige-se a Ana para dizer o seguinte:

> "Estou disposto a superar nossos problemas de comunicação, pois *quero preservar nosso casamento*" (posição declarada em destaque).

→ **Caso 2 – Conflito entre Lucas e Paulo:** **exemplo de correspondência entre posição e interesse**

Lucas é um jovem que perdeu a convivência com seu pai, Paulo, a partir do divórcio dos seus pais. Movido pelo desejo de *reatar o vínculo afetivo de convívio com o pai* (interesse real em destaque), Lucas dirige-se a Paulo para lhe dizer o seguinte:

> "Sua ausência me causa sofrimento, motivo pelo qual estou aqui, para lhe dizer que *quero reconstruir uma relação de convivência*" (posição declarada em destaque).

→ *Caso 3 – Conflito entre Tereza e Maurício:* **exemplo de correspondência entre posição e interesse**

Tereza é uma mulher divorciada. Ela está impossibilitada de arcar com os elevados custos decorrentes do tratamento médico de uma doença do seu filho, Pedro. Os referidos gastos, que não foram contabilizados na oportunidade da fixação do valor de uma pensão alimentícia destinada a Pedro, jamais foram levados ao conhecimento de Maurício, seu ex-marido e pai da criança. Movida pela necessidade de *suprir as necessidades básicas de saúde do seu filho* (interesse real em destaque), Tereza se dirige ao ex-marido para dizer o seguinte:

> "Pedro enfrenta sérios problemas de saúde. Meus rendimentos, somados ao valor da pensão alimentícia, ainda são insuficientes para o custeio do tratamento médico que logo deverá ser realizado. Por isso estou aqui, para lhe dizer que *quero que me ajude a custear o tratamento que restabelecerá a saúde do nosso filho*)" (posição declarada em destaque).

Ocorre que nem sempre os *interesses* reais de um indivíduo são espontaneamente revelados, conforme indicado nos três casos acima ilustrados. A não correspondência entre aquilo que se necessita e aquilo que se diz necessitar é uma realidade que dificulta a resolução de muitos conflitos.

Constata-se que os interesses não correspondem às posições quando indivíduos em situação de conflito se empenham na busca da consagração de objetivos que não podem suprir seus reais desejos e necessidades.

Interesses são comumente ofuscados por posições pelo seguinte motivo: "[...] quando uma pessoa expressa somente a sua posição, não permite a compreensão e explicação de quais são os assuntos a tratar, nem de quais são os interesses subjacentes e necessidades das pessoas envolvidas no conflito" (ÁLVAREZ, 2003, p. 63).

Enquanto permanecem velados, os interesses são ofuscados por posições, que muitas vezes são sustentadas sem qualquer correlação com o real desejo ou necessidade do indivíduo em situação de conflito. É o que se observa, por exemplo, nos casos seguintes:

→ *Caso 4 – Conflito entre Joana e Marcos:* **exemplo de contradição entre posição e interesse**

Marcos enfrenta um problema conjugal, caracterizado pela fragilização dos processos de comunicação com a esposa, Joana. Apesar de desejar a *preservação do casamento* (interesse real em destaque), em um momento de fúria, logo após uma discussão com a esposa, Marcos recorre a um advogado para dizer o seguinte:

"Quero o divórcio!" (posição declarada em destaque).

→ *Caso 5 – Conflito entre Gustavo e Francisco:* **exemplo de contradição entre posição e interesse**

Gustavo é um jovem que perdeu a convivência com seu pai, Francisco, após o divórcio de deles. Seu maior desejo é *reatar o vínculo afetivo de convívio com Francisco* (interesse real em destaque). Sem saber ao certo como satisfazer esse objetivo de vida, influenciado pelos efeitos gerados por um sentimento de rejeição, Gustavo recorre a um advogado pera dizer o seguinte:

> "Por não ter contado com a presença e afeto do meu pai em momentos importantes da vida, *exijo do meu pai o pagamento de uma indenização por danos morais*" (posição declarada em destaque).

→ *Caso 6 – Conflito entre Márcia e Antonio:* **exemplo de contradição entre posição e interesse**

Márcia é uma mulher divorciada. Ela está impossibilitada de arcar com os elevados custos decorrentes do tratamento médico de uma doença do seu filho, João. Os referidos gastos, que não foram contabilizados na oportunidade da fixação do valor de uma pensão alimentícia destinada a João, jamais foram levados ao conhecimento do seu ex-marido, Antonio, que é pai da criança. Movida pela necessidade de *suprir as necessidades básicas de saúde do seu filho* (interesse real em destaque), sem compartilhar os problemas que afetam a saúde e a necessidade de realização de um tratamento médico de elevado custo, Márcia se dirige ao ex-marido para dizer o seguinte:

> "*Exijo um aumento na pensão alimentícia* de nosso filho" (posição declarada em destaque).

Apesar de contraditório, é bastante comum que indivíduos em situação de conflito sustentem uma posição incompatível com os seus reais interesses. Essa incompatibilidade decorre, na maioria das vezes, de fatores emocionais que levam o indivíduo a agir de forma insensata e prejudicial à satisfação dos seus próprios interesses.

A emoção subjacente ao conflito tende a reduzir a capacidade de discernimento do sujeito acerca das suas verdadeiras intenções. A ausência de racionalidade, por sua vez, impede o indivíduo de atingir a plena consciência dos fins por ele visados e as consequências das suas próprias ações.

Enquanto não forem identificados e explorados adequadamente pelos atores envolvidos na gestão do conflito, os interesses permanecerão insatisfeitos e o conflito se estenderá. Esse raciocínio evidencia a importância da realização de uma interpretação aprofundada do conflito, que exigirá do gestor a realização uma atividade a qual denominamos *escuta ativa*.

2.2.1.1.2 Atribuições do gestor de conflitos no desenvolvimento dos três níveis de aprofundamento da escuta ativa

A atividade de escuta geralmente é definida como a conduta passiva do receptor de uma dada mensagem, emanada de forma espontânea pelo emissor de um discurso. Mas não é esse o sentido que pretendemos atribuir à expressão escuta ativa. O caráter *ativo* dado à escuta confere à expressão *escuta ativa* sentido mais amplo.

O exercício da escuta ativa exigirá do gestor de conflitos a realização de um conjunto de ações, dispostas em três níveis de aprofundamento: do superficial ao aprofundado, passando pelo intermediário. Para conferir maior clareza à representação desse processo trifásico de escuta, ilustraremos o exercício das atividades inerentes a cada etapa, tomando como exemplo a relação que se estabelece entre um advogado e seu cliente, no primeiro encontro realizado entre eles, no qual são verbalizados e compreendidos os contornos do conflito.

» **O primeiro nível de aprofundamento da escuta ativa**

No *primeiro nível de escuta ativa* (o mais superficial), o gestor do conflito deve se apresentar de forma receptiva a ouvir, atentamente, as informações que serão espontaneamente reveladas por seu cliente: o emissor da mensagem traduzida em discurso. Nesta fase, também compete ao gestor do conflito observar o comportamento do seu interlocutor, mediante leitura das suas expressões corporais. O franzir de uma testa ou o ato de cruzar os braços podem ser sinais de resistência ou reprovação. Sobrancelhas levantadas podem indicar preocupação ou medo. O desvio do olhar diante de um questionamento pode revelar desconforto. O balançar constante de pernas pode ser interpretado como demonstração de ansiedade ou tensão.

> *Exemplificação das atividades realizadas pelo gestor de conflitos no desenvolvimento do primeiro nível de escuta:* O advogado (receptor da mensagem espontaneamente revelada) acompanha o discurso verbalizado pelo seu cliente (emissor), sem interrupções. No primeiro nível de escuta ativa, o advogado restringe-se a dedicar atenção ao seu cliente, para receber as informações por ele apresentadas, sem promover encaminhamentos de perguntas que lhe permitam obter dados não revelados de forma espontânea.

» **O segundo nível de aprofundamento da escuta ativa**

No *segundo nível de escuta ativa* (o intermediário), o gestor do conflito deve se dedicar à realização de ponderações e reflexões sobre as informações reveladas espontaneamente pelo seu cliente: o emissor da mensagem traduzida em discurso.

> *Exemplificação das atividades realizadas pelo gestor de conflitos no desenvolvimento do segundo nível de escuta:* Enquanto acompanha o discurso verbalizado por seu cliente (o emissor), ou logo após, o advogado (receptor) reflete sobre suas colocações, realizando uma série operações mentais, tais como: a organização dos acontecimentos relatados em termos sequenciais e históricos; o isolamento dos pontos menos relevantes do discurso, assim compreendidos aqueles que considera não determinantes para o entendimento do quadro conflituoso; o isolamento dos pontos mais relevantes do discurso, são aqueles que considera merecedores de maior atenção e aprofundamento, por serem determinantes para o entendimento do quadro conflituoso. Nesta fase, o advogado deve se certificar de que as informações espontaneamente reveladas pelo cliente foram bem assimiladas e compreendidas.

Para verificar se as informações espontaneamente reveladas pelo emissor da mensagem foram bem compreendidas, o gestor de conflitos pode fazer uso de algumas técnicas de comunicação, como a *reafirmação* e o *resumo*. Os objetivos visados com a aplicação dessas técnicas de comunicação e a forma de estruturação serão evidenciados na sequência. Para que o leitor tenha um melhor entendimento sobre essas técnicas, exemplificaremos a sua aplicação no contexto de um diálogo que hipoteticamente se estabelece entre um advogado e seu cliente, no primeiro encontro realizado entre eles.

» **Técnica de reafirmação**

A técnica da *reafirmação*, também chamada de "técnica do espelho" (CARAM; EILMAUM; RISOLÍA, 2006, p. 174), consiste na repetição de trechos do discurso do interlocutor, sem qualquer alteração de conteúdo ou forma como foram estruturados. Sua aplicação é realizada pelo gestor de conflitos com dois objetivos principais.

O primeiro objetivo visado com a aplicação da técnica da reafirmação seria o de conferir destaque a um elemento importante do discurso do interlocutor, que merece ser enfatizado e isolado de informações de menor importância no contexto do quadro conflituoso. Ao conferir ênfase a determinados trechos do discurso do interlocutor, o gestor do conflito atua como uma espécie de catalisador, partindo do seguinte pressuposto: reafirmar um elemento discursivo merecedor de atenção e aprofundamento (por exemplo, a notícia de que o pai de uma criança não cumpre o seu dever de pagamento de uma pensão alimentícia) é sempre mais eficiente do que tentar convencer o interlocutor a deixar de falar sobre situações ou temas que o gestor considere irrelevantes ou prejudiciais ao processo de gestão do conflito (por exemplo, o relato de um episódio ocorrido em um almoço de domingo, no passado distante, no qual esse pai teria se desentendido com parentes da mãe do menor, durante uma pequena discussão sobre política).

Se o gestor do conflito disser à sua interlocutora que o episódio dominical narrado é irrelevante, fatalmente poderá despertar uma reação negativa, que pode até ser convertida em um desejo quase irresistível de falar mais sobre o assunto que, a partir de então, passará a ser abordado com intensidade e peso injustificáveis.

O segundo objetivo visado com a aplicação da técnica da reafirmação seria certificar-se de que uma dada informação revelada foi bem compreendida pelo gestor do conflito.

Mas como a aplicação da técnica da reafirmação é realizada? Vejamos na sequência.

Ao ouvir uma fala importante do seu interlocutor, que pode não ter sido bem compreendida, o gestor de conflitos repete o conteúdo, sem promover qualquer alteração nas palavras do emissor da mensagem, pedindo-lhe que confirme se o seu entendimento foi correto. A aplicação da técnica da reafirmação pode ser ilustrada no seguinte diálogo estabelecido entre um advogado (gestor do conflito) e sua cliente (parte do conflito).

Exemplificação do discurso de aplicação da técnica da reafirmação:

- *Discurso da cliente (parte do conflito):*

> "Doutor, eu não sei mais o que fazer para prover a criação de uma criança sem qualquer contribuição financeira do pai, que se nega a pagar pensão alimentícia para o próprio filho. Com o pouco que ganho, não tenho conseguido pagar todas as despesas decorrentes da criação do meu filho."

- *Discurso do advogado (gestor do conflito):*

> "*Se eu bem compreendi, seu ex-marido se nega a pagar a pensão alimentícia e a senhora* não está conseguido pagar todas as despesas decorrentes da criação do seu filho. Corrija-me, por favor, se eu bem compreendi a sua questão!"

» **Técnica de resumo**

A técnica do *resumo* consiste na realização, pelo gestor de conflitos, de uma síntese dos pontos principais identificados na fala do seu interlocutor. Trata-se de uma técnica de condensação de discursos que frequentemente se estendem sem muita objetividade, avolumando suas mensagens com muitos relatos irrelevantes para a resolução do conflito.

Essa técnica permite ao gestor de conflitos reunir o conjunto de informações importantes identificadas no discurso do seu interlocutor. Tais conteúdos são incorporados ao resumo com o objetivo de conferir maior ênfase aos elementos fáticos mais relevantes do conflito, que merecem ser enfatizados e isolados das informações de menor importância no contexto do quadro conflituoso.

Mas como a aplicação da técnica do resumo é realizada? Vejamos na sequência.

O resumo pode ser feito pelo gestor do conflito em diferentes momentos, a saber: logo após o encerramento de uma fala do seu interlocutor; ao final de uma sessão de atendimento; ou na abertura de uma sessão de atendimento sequencial a um encontro anteriormente realizado. Em qualquer desses momentos, é importante que o gestor se certifique de que o resumo por ele realizado condiz com o discurso do seu interlocutor.

A aplicação da técnica do resumo pode ser ilustrada no seguinte diálogo estabelecido entre um advogado (gestor do conflito) e sua cliente (parte do conflito). Vejamos um exemplo de aplicação na sequência.

Exemplificação do discurso de aplicação da técnica do resumo:

- *Discurso da cliente (parte do conflito):*

"Doutor, desde que o meu filho nasceu, sempre me esforcei para oferecer a ele tudo o que está ao meu alcance. Sempre me dediquei para que ele tivesse uma boa criação e educação, com o máximo conforto possível. Mas o Sr. sabe como é, tenho muitos gastos e um salário que não me permite proporcionar ao meu filho tudo aquilo que eu gostaria. Não posso, sequer, arcar com os custos das suas necessidades básicas. Para que o Sr. tenha ideia das minhas dificuldades, meu filho sofre de problemas respiratórios, o que requer um constante acompanhamento e tratamento médico. O pai dele desconhece essa informação. Sempre que ele me procurou para definir um valor para a pensão alimentícia, disse que não seria necessário. Sempre acreditei que poderia criar meu filho sem o convívio e a assistência do pai. Ocorre que as despesas médicas são muito caras e eu não tenho conseguido pagar os remédios sem a ajuda do pai. É muito triste ver o meu filho doente, sofrendo pela falta de remédios. Os alugueis estão em atraso e eu não sei como vai ser daqui para frente, caso eu não consiga uma vaga para o meu filho em uma creche da Prefeitura. Tenho que trabalhar para cobrir, sozinha, sem qualquer ajuda do pai, todas as despesas da casa e da criação do nosso filho."

- *Discurso do advogado (gestor do conflito):*

> "Resumindo os fatos relatados, pelo que entendi, os gastos decorrentes da criação do seu filho não vêm sendo suportados pela Sra., por não receber a pensão alimentícia do seu ex-marido. Confirme por favor se eu bem compreendi as suas questões!"

» **O terceiro nível de aprofundamento da escuta ativa**

No *terceiro nível de escuta ativa* (o mais aprofundado), o gestor do conflito se dedica à realização de provocações que o levam a alcançar ou confirmar dados não revelados espontaneamente pelo emissor da mensagem traduzida em discurso. Vejamos alguns exemplos de aplicação na sequência.

> *Exemplificação das atividades realizadas pelo gestor de conflitos no desenvolvimento do terceiro nível de escuta:*
> Após ouvir atentamente o discurso verbalizado pelo seu cliente (emissor), visando a uma melhor compreensão dos elementos velados do quadro conflituoso, o advogado (receptor) passa a lhe dirigir ao mesmo uma série de perguntas.

As provocações exigidas no terceiro nível de escuta ativa são realizadas pelo gestor de conflitos mediante a elaboração de perguntas fechadas, abertas, circulares e hipotéticas. Os objetivos visados com a aplicação dessas técnicas de comunicação e a forma de estruturação serão evidenciados na sequência.

» **Técnica de pergunta fechada (ou de encaminhamento)**

Perguntas fechadas (ou de encaminhamento) são aplicadas pelo gestor do conflito com o objetivo de confirmar ou afastar percepções firmadas a partir da oitiva do relato do seu interlocutor. Elas permitem que o gestor de conflitos se certifique de que as informações prestadas pelo seu interlocutor foram bem compreendidas.

As perguntas fechadas sempre levarão o interlocutor a formular respostas pontuais, afirmativas (pelo "sim") ou negativas (pelo "não"). Vejamos alguns exemplos de aplicação na sequência.

> *Exemplificação do discurso de aplicação da técnica de pergunta fechada:*
>
> - *Discurso do advogado (gestor do conflito):*

"A senhora atualmente está empregada?"

"A senhora acredita que seu ex-marido teria condições financeiras para assumir o tratamento médico do seu filho?"

O emprego de perguntas fechadas deve ser dosado pelo gestor do conflito. Caso contrário, ele correrá o risco de transmitir ao seu interlocutor uma sensação de desconforto típica de alguém que se submete a um interrogatório.

» **Técnica de pergunta aberta (ou de aprofundamento)**

Já as perguntas abertas (ou de aprofundamento) são realizadas com o objetivo de levar o interlocutor (seu destinatário) a desenvolver respostas discursivas livres, mais ricas em termos de informações.

As perguntas abertas são bastante apropriadas para a exploração dos interesses em jogo, na medida em que incitam o interlocutor a verbalizar aquilo que efetivamente deseja ou necessita. Sua aplicação também é realizada com o propósito de levar o interlocutor a revelar pensamentos, possibilidades, necessidades e sentimentos ainda não declarados. Vejamos alguns exemplos de aplicação na sequência.

Exemplificação do discurso de aplicação da técnica de pergunta aberta:

- *Discurso do advogado (gestor do conflito):*

> "Quais são as necessidades básicas do seu filho?"
> "O que a senhora espera do seu ex-marido em relação ao convívio com o seu filho?"

O emprego de perguntas abertas também é recomendado quando o interlocutor demonstra não ter adquirido liberdade suficiente para desenvolver manifestações narrativas espontâneas, justificando, assim, o cabimento das provocações capazes de induzir a verbalização de um discurso contido.

» **Técnica de pergunta circular**

Pessoas em situação de conflito tendem a insistir na sustentação de posições rígidas e intransigentes, por se apegarem a uma visão particularmente linear (no sentido de unilateral) sobre a relação conflituosa.

A linearidade desses discursos individualistas e restritivos, em termos de representação fática da realidade, muitas vezes, surge como um reflexo da resistência do indivíduo a colocar-se no lugar da outra parte inserida no contexto do conflito.

Muitos conflitos se sustentam naquilo que Francisco Diez e Gachi Tapia (2010, p. 148) chamaram de "[...] bases fantasiosas acerca das percepções que o outro tem de situações que podem não ter sido examinadas". O apego a essas falsas premissas e a consequente desconsideração das razões e emoções que permeiam o discurso do outro levam o indivíduo em situação de conflito à polarização do discurso e, consequentemente, à não compreensão de muitas particularidades do quadro conflituoso.

Para quebrar a linearidade do fluxo comunicacional do seu interlocutor, fazendo com que ele rompa com as bases fantasiosas acerca das suas próprias percepções sobre as particularidades de uma relação conflituosa ainda não examinada em profundidade, o gestor de conflitos deve provocá-lo a perceber e sentir uma dimensão do conflito ainda não explorada, qual seja: a perspectiva do outro.

A melhor maneira de fazer com que o interlocutor rompa com as bases fantasiosas acerca das suas percepções sobre situações não examinadas com maior profundidade é mediante a provocação de uma reflexão que o projete para dimensões ainda não experimentadas. Trata-se, pois, de um convite à experimentação de novos significados a partir do exercício da observação e da consideração daquilo que o outro pensa, deseja ou sente.

Essa ruptura pode ser estimulada pelo gestor de conflitos mediante o encaminhamento de *perguntas circulares*. Essas perguntas são assim chamadas por promoverem a desarticulação dos processos comunicacionais lineares, tornando-os circulares (no sentido de mais reflexivos).

Perguntas circulares são realizadas pelo gestor de conflitos com o objetivo de levar o seu interlocutor a colocar-se no lugar da outra parte envolvida no conflito, considerando os seus pensamentos, desejos, sentimentos e limitações. Vejamos alguns exemplos de aplicação na sequência.

Exemplificação do discurso de aplicação da técnica de pergunta circular:

- *Discurso do advogado (gestor do conflito):*

> "Como a senhora pensa que o seu ex-marido se sentiria se soubesse que o filho passa por problemas de saúde que ainda não foram levados ao seu conhecimento?"
>
> "Como a senhora se sentiria se lhe fossem sonegadas informações tão importantes, como o estado de saúde do seu filho e as necessidades básicas hoje não atendidas?"

Questionamentos dessa natureza não podem ser encaminhados sem que antes o gestor de conflitos esteja seguro de que já conquistou a confiança do seu interlocutor, reduzindo, assim, os riscos de uma reação negativa.

Quando é levado a se colocar no lugar do outro, o interlocutor pode sinalizar para o gestor de conflitos que uma reconciliação é ou não possível ou que uma composição amigável (autocomposição) pode ou não se concretizar mediante o desenvolvimento de processos de negociação, conciliação e mediação. Essas conclusões influenciarão decisivamente a escolha do método mais adequado às particularidades do caso concreto, conforme será melhor evidenciado melhor na oportunidade da abordagem da segunda etapa do processo de gestão adequada de conflitos.

» **Técnica de pergunta hipotética**

As provocações exigidas no terceiro nível de escuta ativa também podem ser realizadas pelo gestor de conflitos *perguntas hipotéticas*, que podem ser compreendidas como um convite à reflexão sobre um cenário possível para o futuro, ainda não considerado pelo interlocutor.

Elas podem ser abertas ou fechadas em termos de constituição. Ambas levam o interlocutor a refletir sobre uma dada hipótese ou situação cogitada para o futuro. A diferença entre elas reside no tipo de resposta que cada uma delas provoca.

As *perguntas reflexivas abertas* remetem o interlocutor destinatário do questionamento a apresentar uma resposta narrativa, livre em termos de manifestação do discurso. Já as *perguntas reflexivas fechadas* levam o interlocutor destinatário do questionamento a apresentar respostas mais objetivas e pontuais, de confirmação ou negação do cenário imaginado pelo gestor de conflitos. Vejamos alguns exemplos de aplicação na sequência.

Exemplificação do discurso de aplicação da técnica de pergunta hipotética aberta:

- *Discurso do advogado (gestor do conflito):*

> "O que a senhora pensaria se o seu ex-marido buscasse uma reaproximação com o filho, demonstrando interesse em conhecer suas necessidades?"

Exemplificação do discurso de aplicação da técnica de pergunta hipotética fechada:

- *Discurso do advogado (gestor do conflito):*

> "A senhora estaria disposta a contribuir para que o seu ex-marido retome a convivência com o seu filho?"

Quando o gestor de conflitos leva o seu interlocutor a refletir sobre possíveis cenários para o futuro, consegue avaliar melhor elementos como: o nível de polarização do conflito, a abertura da parte para o diálogo e a disponibilidade para a prática de concessões. Essas conclusões influenciarão decisivamente a escolha do método mais adequado às particularidades do caso concreto, conforme será evidenciado na oportunidade da abordagem da segunda etapa do processo de gestão adequada de conflitos.

Para que as atividades de escuta e investigação inerentes ao processo de diagnóstico do conflito sejam bem realizadas, é necessário que os interlocutores (o gestor do conflito e o sujeito por ele atendido) estabeleçam uma relação de diálogo aberto e facilitado pelo uso de linguagem acessível. Nesse sentido, investigação, escuta e comunicação se apresentam como competências/habilidades fundamentais para a realização de um diagnóstico do conflito.

É comum que o primeiro relato da parte seja realizado de forma superficial, vaga, ambígua ou até mesmo contraditória. Compete ao gestor de conflitos converter vagueza, ambiguidade e contradição em ações que proporcionarão o aprofundamento cognitivo, clareza de ideias e a coerência de pensamentos.

2.2.1.1.3 O passo a passo do diagnóstico do conflito: atribuições, competências e habilidades exigidas

O diagnóstico do conflito se inicia com a oitiva do *relato* de uma ou mais partes envolvidas na relação conflituosa. Advogados e defensores públicos estabelecem o primeiro contato com o conflito a partir da oitiva do relato de um cliente ou assistido. Juízes e árbitros, a partir do primeiro contato com as alegações aduzidas nos autos do processo. Agentes de Procons, na oportunidade da realização do primeiro atendimento aos consumidores.

É na etapa inaugural de gestão adequada de conflitos que o profissional dará impulso ao processo de formação da sua cognição sobre as particularidades da relação conflituosa. Para tanto, caberá ao profissional desempenhar três operações fundamentais que serão evidenciadas na sequência:

- *1ª operação* – o levantamento de informações sobre as partes e o conflito, mediante o percurso dos três níveis de aprofundamento da escuta ativa já delimitados;

- *2ª operação* – a organização das informações coletadas;

- *3ª operação* – o levantamento de conclusões provisórias (hipóteses) que serão confirmadas ou afastadas no decorrer da etapa final do processo de gestão adequada de conflito, de execução do método adequado.

O diagnóstico do conflito, assim, inicia-se com o *levantamento de informações sobre as partes e o conflito*, o que compreende a identificação dos seguintes elementos fáticos e jurídicos:

- pessoas direta e indiretamente envolvidas no conflito;

- tema ou temas que devem ser enfrentados e superados, como condição para a pacificação plena do conflito;

- principais causas do conflito;

- posições sustentadas pelas partes;

- interesses das partes;

- tipo de relação na qual está inserido o conflito (circunstancial ou continuada);

- principais efeitos produzidos pelo conflito;

- responsabilidades de cada parte na caracterização do conflito;

- natureza dos direitos em jogo, para que se tenha firmada a exata noção da sua disponibilidade ou indisponibilidade;

- direitos e obrigações assumidos e descumpridos pelas partes conflitantes na eventual constituição de uma relação jurídica que anteceda o conflito;

- status comunicacional das partes, com o propósito de verificar se o diálogo entre elas foi nada, pouco ou muito fragilizado em decorrência do conflito;

- predisposição das partes para a prática de concessões;

- limites e possibilidades das parte em conflito;

- parâmetros normativos reguladores da situação jurídica em análise, a saber, leis que regem o caso concreto.

Os dados coletados podem ser ordenados mediante a utilização de critérios de *organização das informações*, tais como:

- ordem cronológica de acontecimentos que antecedem a manifestação do conflito;

- nível de envolvimento das pessoas no conflito;

- escala de complexidade dos temas do conflito;

- isolamento dos direitos indisponíveis eventualmente presentes no quadro conflituoso, considerando que sobre eles recai a vedação do livre dispor;

- separação dos direitos e obrigações assumidas pelas partes, quando vinculadas a uma relação jurídica anterior ao conflito;

- agrupamento dos direitos e obrigações em categorias, como efetivados e não efetivados,
- escala de prioridade ou importância de interesses supostamente envolvidos.

Uma vez superadas as fases de levantamento e organização de informações sobre as partes e a relação conflituosa, a etapa de diagnóstico do conflito se encerra com a formação das conclusões provisórias que conforme já anunciado, serão confirmadas ou afastadas no decurso da terceira etapa do processo de gestão adequada de conflitos, a saber: a execução do método adequado. As referidas conclusões podem versar sobre fatores como:

- causas e efeitos produzidos pelo conflito;
- responsabilidades das partes na caracterização do conflito;
- dificuldades que enfrentarão, a depender do grau de comprometimento das partes conflitantes para o desenvolvimento do diálogo e a prática de concessões;
- interesses que são considerados prioritários para cada parte;
- sentimentos das partes que podem dificultar o desenvolvimento do processo de gestão do conflito;
- limites das possibilidades das partes conflitantes.

A realização de um diagnóstico aprofundado do conflito habilita o seu gestor a desempenhar a função de escolha do método que melhor se adapte às particularidades do caso concreto, o que corresponde à segunda etapa do processo de gestão adequada do conflito, sobre a qual discorreremos a seguir.

2.2.1.2 Escolha do método adequado: segunda etapa do processo de gestão adequada de conflitos

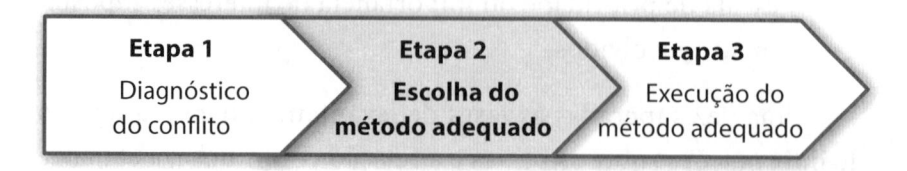

Etapa 1	Etapa 2	Etapa 3
Diagnóstico do conflito	**Escolha do método adequado**	Execução do método adequado

A atividade de *escolha do método adequado* consiste na identificação do método de prevenção ou resolução de conflitos que melhor atenda às particularidades do caso concreto. Seu exercício deve ser realizado após o diagnóstico do conflito, mediante a utilização de critérios racionais e objetivos orientadores, evitando-se vícios e subjetividades que podem levar o gestor de conflitos a promover encaminhamentos inadequados às relações conflituosas por ele geridas.

2.2.1.2.1 Fluxograma indicativo de critérios de escolha do método de gestão de conflitos adequado às particularidades do caso concreto

O processo de escolha do método adequado, que será descrito na sequência, desenvolve-se mediante a aplicação de um modelo próprio de orientação do gestor de conflitos, estruturado na forma do fluxograma que acompanha o APÊNDICE deste livro.

O fluxograma foi por nós desenvolvido em tese de doutoramento defendida no Programa de Pós-Graduação Stricto Sensu em Direitos e Garantias Fundamentais da FDV, no mês de abril de 2016. A tese, intitulada *Políticas públicas de efetivação da mediação pelo Poder Judiciário e o direito fundamental de acesso à justiça*

(GORETTI, 2016), foi publicada pela Editora Juspodivm, em 2017, com o título *Mediação e acesso à justiça* (GORETTI, 2017).

Sua criação se deu com a pretensão de que pudesse ser utilizado como guia de orientação para desenvolvimento da tarefa de escolha do método adequado por qualquer gestor de conflitos: advogados, promotores de justiça, defensores públicos, negociadores, conciliadores, mediadores, juízes, servidores vinculados aos Centros Judiciários de Solução de Conflitos e Cidadania, agentes de Procons, notários e registradores autorizados a prestar serviços de autocomposição, estudantes de Direito vinculados aos Núcleos de Prática Jurídica de instituições de ensino superior, dentre outros profissionais que se dediquem à tarefa de prevenção e resolução de conflitos.

O instrumento (fluxograma) proposto para efeito de orientação do gestor de conflitos para a escolha do método mais adequado às particularidades do caso concreto se desenvolve mediante a realização de testes de falseamento de dez possibilidades de encaminhamento que podem ser conferidas a uma dada situação conflituosa.

2.2.1.2.2 Os métodos de prevenção e resolução de conflitos contemplados no fluxograma

Os dez métodos de prevenção e resolução de conflitos contemplados no fluxograma foram escolhidos por serem os mais usuais na tradição jurídica brasileira. São eles:

- orientação individual;
- orientação coletiva;

- processo individual;
- processo coletivo;
- arbitragem;
- serventia extrajudicial;
- negociação direta;
- negociação assistida;
- conciliação;
- mediação.

» **Orientação individual**

A *orientação individual* é considerada uma via adequada quando o conflito ainda não estiver caracterizado e houver, por parte do indivíduo atendido, um desejo de obtenção de esclarecimentos jurídicos sobre direitos e deveres.

» **Orientação coletiva**

A *orientação coletiva* é considerada uma via adequada quando o conflito ainda não estiver caracterizado e houver, por parte do indivíduo atendido, um desejo obtenção de esclarecimentos jurídicos sobre direitos e deveres e for constatado que a informação jurídica prestada ao indivíduo atendido pode beneficiar uma coletividade de pessoas que careçam da mesma orientação.

» **Processo judicial individual**

O *processo individual* é considerado uma via heterocompositiva adequada quando o conflito já estiver caracterizado e for constatada a absoluta impossibilidade de diálogo entre as partes envolvidas ou o bem da vida em discussão não puder ser levado à autocomposição ou à arbitragem.

São de três naturezas os principais escopos do processo: a jurídica, que se concretiza com a aplicação da norma no caso concreto; social, que se efetiva com a pacificação social; e a política, que compreende o exercício da cidadania.

» **Processo judicial coletivo**

O *processo coletivo* é considerado uma via heterocompositiva adequada quando o conflito já estiver caracterizado, for observada a absoluta impossibilidade de diálogo entre as partes envolvidas (condição necessária para a gestão autocompositiva da controvérsia) e for constatado que a intervenção jurídica demandada pelo indivíduo atendido pode beneficiar uma coletividade de pessoas que compartilhem do mesmo problema.

» **Arbitragem**

A *arbitragem* (método heterocompositivo regulado pela Lei nº 9.307/1996) é considerada uma via adequada quando: *a)* pessoas capazes, por livre manifestação de vontade, mediante realização de convenção privada (assim compreendida a cláusula compromissória e o compromisso arbitral), decidirem atribuir a um terceiro particular ou a Câmara Arbitral privada a responsabilidade pela condução e resolução de uma controvérsia que verse sobre direitos patrimoniais disponíveis; *b)* as partes interessadas priorizarem a resolução do conflito com sigilo e maior celeridade; *c)* a tomada de decisão por um terceiro imparcial for necessária, diante da impossibilidade das partes de estabelecer um entendimento compartilhado sobre a forma de composição do conflito; *d)* o conflito versar sobre questões técnicas não necessariamente jurídicas, tornando mais recomendada a atribuição do poder decisório a um terceiro dotado de expertise na matéria objeto da controvérsia.

» **Serventia extrajudicial**

A utilização de uma *serventia extrajudicial* é considerada adequada quando: *a)* houver possibilidade de diálogo entre as partes que integram a relação conflituosa; *b)* o processamento cartorário do conflito proporcionar maior segurança jurídica às partes; e *c)* o conflito puder ser administrado pela via de um cartório extrajudicial.

A via administrativa dos cartórios extrajudiciais pode ser acionada, por exemplo, quando se constatar a possibilidade de realização de inventário, partilha e divórcio consensual, sempre que não houver envolvimento de partes ou interessados incapazes nos termos da Lei nº 11.441/2007.

No exercício da incumbência de consolidação da Política Pública permanente de incentivo e aperfeiçoamento dos mecanismos consensuais de solução de conflitos, instituída pela Resolução nº 125/2010 do CNJ, considerando a necessidade de organização e uniformização de normas e procedimentos afetos aos serviços de conciliação, mediação e outros métodos autocompositivos prestados, de forma facultativa, pelos serviços notariais e de registro do Brasil, o Conselho Nacional de Justiça editou o Provimento nº 67, de 26 de março de 2018, que dispõe sobre a prática da conciliação, mediação e outros métodos autocompositivos por notários e registradores.

De acordo com o Provimento, tais práticas podem ser realizadas nos serviços de notas e de registros, de forma facultativa, sem prejuízo do disposto na Lei de Mediação (Lei nº 13.140/2015).

O Provimento nº 67 do CNJ estabelece (art. 3º) que compete às Corregedorias Gerais de Justiça promover a publicação, em seus sites, da relação de serviços notariais e de registro autorizados a realizar serviços de conciliação e de mediação, indicando os nomes dos conciliadores e mediadores envolvidos.

Compete aos Núcleos Permanentes de Métodos Consensuais de Solução de Conflitos (Nuoemec) e às Corregedorias Gerais de Justiça (CGJ) dos Estados e do Distrito Federal, promover a autorização dos serviços notariais e de registro para a realização das práticas de conciliação e mediação (art. 4º do Provimento nº 67).

Um cadastro de conciliadores e mediadores deve ser mantido pelo Nupemec, com indicação de dados relevantes sobre sua atuação, como o número e o resultado das causas de que participou o profissional (art. 5º do Provimento nº 67).

A fiscalização dos serviços fica a cargo da Corregedoria Geral de Justiça (CGJ) e do Centro Judiciário de Solução de Conflitos e Cidadania (Cejusc) da jurisdição a que estejam vinculados os serviços notariais e de registro (art. 5º do Provimento nº 67).

Somente serão autorizados a atuar os conciliadores e mediadores capacitados por instituição habilitada, segundo diretrizes curriculares previstas no ANEXO I da Resolução nº 125/2010 do CNJ (art. 6º do Provimento n. 67).

Aos conciliadores e mediadores vinculados aos serviços notariais e de registro compete a observância dos princípios e regras previstas na Lei nº 13.140/2015, no art. 166 do Código de Processo

Civil e no Código de Ética de Conciliadores e Mediadores anexo à Resolução nº 125/2010 do CNJ (art. 7º do Provimento nº 67).

Devem ser mantidas em sigilo as informações reveladas aos conciliadores, mediadores, partes, advogados assessores técnicos e outros sujeitos que tenham participação direta ou indireta no procedimento, salvo exceções previstas na Lei nº 13.140/2015 (art. 8º do Provimento nº 67).

Os notários e registradores ficam, todavia, autorizados a prestar serviços profissionais relacionados com suas atribuições às partes envolvidas em sessões de conciliação e mediação de sua responsabilidade (art. 9º, parágrafo único do Provimento nº 67).

Podem participar dos procedimentos de conciliação e mediação promovidos pelos serviços notariais e de registro: qualquer pessoa natural absolutamente capaz, além das pessoas jurídicas e entes despersonalizados a que a lei confere capacidade postulatória (art. 10 do Provimento nº 67).

Nos procedimentos de conciliação e mediação, as partes devem ser representadas por advogados ou defensores públicos. Constatada a ausência de representante, o conciliador ou mediador suspenderá o procedimento até que todas as partes estejam devidamente assistidas (art. 11 do Provimento nº 67).

Os procedimentos de conciliação e mediação podem versar sobre direitos disponíveis ou indisponíveis que admitam transação. Os acordos que tratam de direitos indisponíveis que admitam transação devem ser homologados em juízo, na forma do art. 725, VIII do CPC e da Lei nº 13.140/2015 (art. 12 do Provimento nº 67).

Os atos de requerimento, registro de demandas em livro de protocolo específico, notificação da parte requerida, processamento das conciliações e mediações, formalização de acordos, registro de termos de acordo e despesas são regulados pelos arts. 13 e seguintes do Provimento nº 67 do CNJ.

» **Negociação direta**

A *negociação direta* é considerada uma via autocompositiva adequada quando: *a)* houver possibilidade de diálogo entre as partes envolvidas no conflito; *b)* a autocomposição for admitida; e *c)* o fluxo comunicacional (assim compreendida a relação de diálogo entre as partes) não estiver fragilizado ou interrompido, não se fazendo necessária a intervenção de um terceiro parcial (por exemplo, um advogado que conduza o processo de negociação assistida, visando à representação e defesa dos seus interesses) ou imparcial (conciliador ou mediador) facilitador da comunicação entre as partes.

» **Negociação assistida**

A *negociação assistida* é considerada uma via autocompositiva adequada quando: *a)* houver possibilidade de diálogo entre as partes envolvidas no conflito; *b)* a autocomposição for admitida; *c)* o caso não demandar a atuação facilitadora de um terceiro imparcial (conciliador ou mediador) que presida a autocomposição; e *d)* o fluxo comunicacional (a relação de diálogo entre as partes) estiver fragilizado ou interrompido, fazendo necessária a intervenção de um terceiro parcial (por exemplo, um advogado que conduza o processo de negociação assistida, visando à representação e defesa dos seus interesses) facilitador da comunicação.

» **Conciliação**

A *conciliação* é considerada uma via autocompositiva adequada quando: *a)* houver possibilidade de diálogo entre as partes envolvidas no conflito; *b)* a autocomposição for admitida; *c)* o caso demandar a atuação facilitadora de um terceiro imparcial (no caso, um conciliador) que apresente uma postura mais ativa (propositiva), contribuindo para a solução do conflito mediante apresentação de propostas de acordo; *d)* o fluxo comunicacional (a relação de diálogo entre as partes) estiver interrompido, fazendo necessária a intervenção de um terceiro imparcial (um conciliador) facilitador da comunicação; e *e)* o conflito estiver inserido no contexto de uma relação circunstancial.

Por relações circunstanciais (pontuais ou findas) entende-se: aquelas que são desprovidas de perspectivas futuras de manutenção de vínculos entre as partes, limitadas ao reconhecimento de direitos em relações jurídicas findas, nas quais a continuidade do vínculo entre os conflitantes não seja levada em consideração.

A ausência de vínculos (afetivos, familiares, comerciais, trabalhistas, dentre outros que justifiquem a necessidade de aplicação de técnicas de restabelecimento e de fortalecimento de relações estremecidas pelo conflito) torna desnecessária a realização de um trabalho de preservação do diálogo e da convivência entre os envolvidos, típico da mediação.

O interesse das partes em conflitos ineridos no contexto de relações circunstanciais restringe-se à resolução da controvérsia por meio de acordo: objetivo imediato da conciliação. A título de exemplificação das chamadas relações circunstanciais, destacamos os conflitos decorrentes de acidentes de trânsito, que vinculam as partes conflitantes, circunstancialmente, por divergências acerca da responsabilidade pelo ressarcimento dos prejuízos materiais ou morais produzidos.

» **Mediação**

A mediação pode ser compreendida sob três perspectivas distintas: *a)* como *processo*; *b)* como *técnica*; e *c)* como *filosofia*.

Na *perspectiva processual*, o termo mediação é empregado para designar uma sequência (desestruturada, informal e flexível) de atos transformadores, concatenados de forma lógica e coexistencial no curso de sessões conjuntas e privadas presididas por um terceiro imparcial (o mediador), com vistas à construção de uma solução dialogada, autônoma e compartilhada para um dado conflito de interesses.

Já a *perspectiva técnica* nos remete à análise das técnicas utilizadas pelo mediador, com o propósito de obter a consagração dos seus objetivos primários e secundários. Figuram, no rol de técnicas de investigação, escuta e comunicação usualmente empregadas pelo mediador, muitas das quais já analisadas na presente obra, tais como: resumo; reafirmação; paráfrase; perguntas fechadas (ou de encaminhamento), abertas (ou de aprofundamento), circulares, hipotéticas e reflexivas. As referidas técnicas, que servem a propósitos distintos no contexto do processo mediador, podem ser amplamente empregadas (formal e informalmente) em diferentes práticas de gestão de conflitos: na negociação, na conciliação, na arbitragem e até no processo judicial, por juízes, advogados, defensores ou promotores de justiça.

Finalmente, a *perspectiva filosófica* nos leva a pensar a prática mediadora como uma atitude. Uma concepção de vida em sociedade, pautada na ética da alteridade, no exercício do diálogo e da responsabilidade pelo Outro. Um modo de ser no mundo, de agir e de se relacionar com o Outro no contexto de relações pacíficas ou de conflito.

A *mediação* é considerada uma via autocompositiva adequada quando: *a)* houver possibilidade de diálogo entre as partes envolvidas no conflito; *b)* a autocomposição for admitida; *c)* o caso demandar a atuação facilitadora de um terceiro imparcial (no caso, um mediador) que presida a autocomposição e; *d)* o fluxo comunicacional (a relação de diálogo entre as partes) estiver interrompido, fazendo necessária a intervenção de um terceiro imparcial (um mediador) facilitador da comunicação entre as partes; e *e)* o conflito estiver inserido no contexto de uma relação continuada.

Consideram-se continuadas as relações caracterizadas pela conjugação de dois fatores característicos, a saber: *a)* a existência de um histórico de vinculação pretérita entre as partes, anterior à manifestação do conflito; e *b)* a perspectiva de manutenção do vínculo pró-futuro após a superação da controvérsia. Nesses casos, além da pacificação do conflito manifesto, as partes devem desenvolver condições básicas para a preservação da convivência, prevenindo assim o surgimento de futuras disputas.

Conflitos inseridos no contexto de relações continuadas não recomendam o emprego das técnicas de conciliação, pois são insuficientes para proporcionar a consagração de cinco objetivos primários e um secundário, decorrente da consagração dos anteriores.

São objetivos primários da mediação: *a)* a exploração aprofundada dos interesses em jogo; *b)* o fortalecimento do diálogo; *c)* o restabelecimento da relação entre as partes; *d)* a transformação dos indivíduos, que devem ser levados a compreender o conflito em sua totalidade, considerando os interesses, necessidades, possibilidades e sentimentos da outra parte com a qual se relaciona; *e)* o empoderamento dos indivíduos, de modo que se tornem capazes de encarar, compreender e solucionar o próprio conflito, prevenindo, ainda, o surgimento de conflitos futuros.

O objetivo secundário da mediação, que decorre da consagração dos cinco objetivos primários acima delimitados, consiste na pacificação do conflito mediante a construção de uma solução acordada.

As relações conflituosas de natureza familiar, empresarial, de vizinhança e empregatícia (especialmente quando se tratar de conflitos envolvendo trabalhadores com garantia provisória do emprego, a exemplo do dirigente sindical, da mulher gestante e do trabalhador acidentado) figuram dentre as que tradicionalmente fazem transparecer a continuidade das relações entre os conflitantes: particularidade que requer do mediador uma atuação mais complexa do que a de simples facilitação do acordo.

Em uma mediação, mais importante que obter a consagração do objetivo secundário da mediação (o acordo), é atuar no sentido de fazer com que os objetivos da mediação sejam consagrados.

2.2.1.2.3 A metodologia do fluxograma e suas etapas de desenvolvimento

O fluxograma por nós criado para subsidiar gestores de conflitos no processo de escolha do método mais adequado às particularidades do caso concreto é orientado pelo método hipotético-dedutivo de produção do conhecimento.

Seu desenvolvimento segue a lógica de um critério de exclusão, que deve ser aplicado pelo gestor do conflito mediante a realização de testes de falseamento das dez possibilidades de encaminhamento ao caso concreto, contempladas no instrumento.

Falsear métodos de prevenção e resolução de conflitos significa submetê-los a testes de avaliação de adequação às particularidades do caso concreto, exercício que pressupõe a observância de critérios racionais e objetivos. O critério adotado na estruturação do fluxograma por nós desenvolvido é o da exclusão.

O processo da escolha do método mais adequado às particularidades de um dado conflito se desenvolve a partir da formulação de um problema: *qual método utilizar no caso concreto?* A busca de uma resposta para esse questionamento deve levar o gestor a falsear os dez métodos de prevenção ou solução de conflitos contemplados no fluxograma para, ao final, identificar aquele que melhor atende às particularidades do caso concreto por ele já identificadas na etapa inaugural do processo trifásico de gestão do conflito.

A opção pela adoção do método hipotético-dedutivo na construção do fluxograma se deu em decorrência do seguinte pensamento: movido por uma dúvida (*qual método utilizar no caso concreto?*), o gestor de conflitos é provocado a promover o levantamento de propostas de soluções provisórias (as chamadas *conjecturas*), que devem ser submetidas a testes de falseamento.

Enquanto sobreviverem aos referidos testes, as conjecturas devem ser preservadas e consideradas como possibilidades de encaminhamento válidas para o conflito concretamente considerado. Ao passo que são falseadas e tidas como inadequadas para atender às particularidades do caso concreto, são excluídas e deixam de ser consideradas como possibilidades de encaminhamento válidas para o conflito.

A dinâmica dos testes de falseamento reflete uma lógica clássica da epistemologia de Karl Popper (2004, p. 26-27), de validação de deduções mediante o emprego dos critérios racionais críticos sintetizados a seguir:

> [...] se as premissas de uma dedução válida são *verdadeiras*, então a conclusão deve também ser *verdadeira*. [...] se todas as premissas são verdadeiras e a dedução é válida; e se, consequentemente, a conclusão é falsa em uma dedução válida, então, não é possível que todas as premissas sejam verdadeiras [...]. Desta forma, a lógica dedutiva torna-se a teoria crítica racional, pois todo criticismo racional tomou a forma de uma tentativa de demonstrar que conclusões inaceitáveis podem se derivar da afirmação que estivemos tentando criticar.

O falseamento de possibilidades de encaminhamento ao conflito nada mais é do que um constante exercício de tentativa e erro. A busca por uma resposta para o problema *qual método utilizar no caso concrerto?* levará o gestor do conflito a encontrar novas conjecturas, refutações e problemas, dando origem a um processo cíclico de construção de "[...] *problemas – teorias – críticas – novos problemas*" (POPPER, 2009, p. 255).

O percurso do fluxograma se inicia com a seguinte pergunta: *Há conflito?* A depender da resposta atribuída pelo gestor do conflito (*sim* ou *não*), os métodos de prevenção ou resolução de conflitos contemplados no instrumento passam a ser falseados.

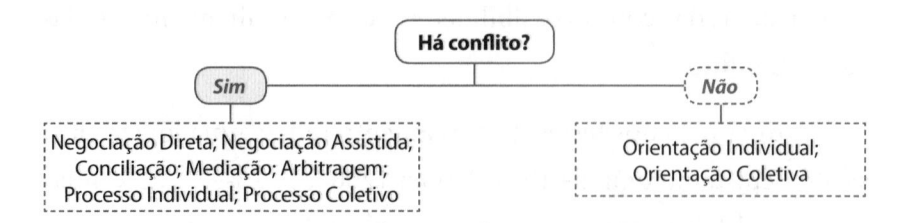

```
                    ┌─────────────┐
                    │ Há conflito?│
         ┌──────────┴─────────────┴──────────┐
      ( Sim )                              ( Não )
```

Negociação Direta; Negociação Assistida;	Orientação Individual;
Conciliação; Mediação; Arbitragem;	Orientação Coletiva
Processo Individual; Processo Coletivo	

Em caso de resposta positiva à primeira pergunta (*Há conflito?*), os dois métodos de *prevenção* de conflitos considerados no fluxograma são falseados, ou seja: excluídos do processo. São eles: a orientação individual e a orientação coletiva.

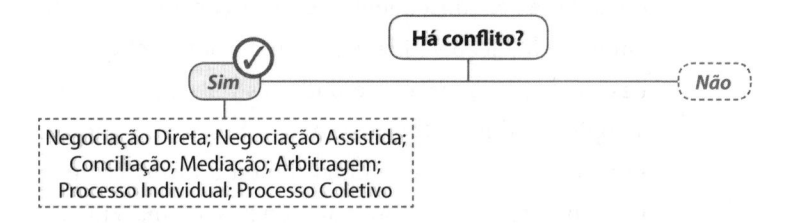

```
                    ┌─────────────┐
                    │ Há conflito?│
         ┌──────────┴─────────────┴──────────┐
      ✓( Sim )                              ( Não )
```

Negociação Direta; Negociação Assistida;
Conciliação; Mediação; Arbitragem;
Processo Individual; Processo Coletivo

Se a resposta for negativa, excluem-se do processo os oito métodos de *resolução* de conflitos contemplados no instrumento, a saber: processo individual; processo coletivo; arbitragem; serventia extrajudicial; negociação direta; negociação assistida; conciliação; e mediação.

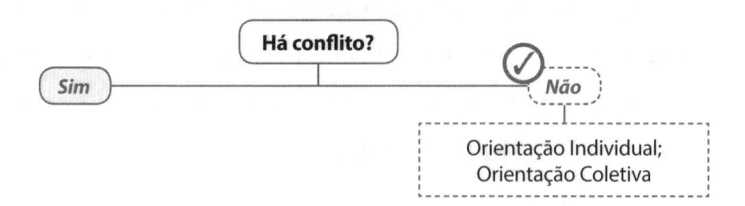

```
                    ┌─────────────┐
                    │ Há conflito?│
         ┌──────────┴─────────────┴──────────┐
       ( Sim )                             ✓( Não )
```

Orientação Individual;
Orientação Coletiva

Os métodos que resistirem ao primeiro exercício de falseamento são submetidos a outros questionamentos, a partir dos quais novos testes são realizados.

Ao final do processo de falseamento, com a eliminação das possibilidades de encaminhamento refutadas por não atenderem satisfatoriamente às particularidades do caso concreto, restará um único método de prevenção ou resolução de conflitos. A possibilidade de encaminhamento jurídico que sobreviver aos referidos testes deve, assim, ser considerada a mais adequada para a gestão do caso concreto, ou seja: a opção mais segura, mais vantajosa, menos onerosa e desgastante para a(s) parte(s).

2.2.1.2.4 O passo a passo do processo de escolha do método adequado, exemplificado em casos hipotéticos

O presente tópico será dedicado à análise do passo a passo que um gestor de conflitos deve realizar para efeito de escolha do método que melhor atenda às particularidades de diferentes casos que serão exemplificados a seguir.

Para que o leitor possa melhor acompanhar os diferentes percursos mentais que o fluxograma permite realizar, do diagnóstico do conflito à escolha do método que melhor atenda às particularidades do caso concreto, ilustraremos o desenvolvimento das etapas de falseamento contempladas no referido instrumento tomando como base alguns casos hipotéticos representados no relato de pessoas em situação de conflito.

Os relatos fictícios que serão explorados na sequência se desenvolvem a partir da relação que se estabelece entre cliente e advogado, no primeiro encontro realizado entre eles, em um escritório de advocacia, oportunidade na qual são verbalizados os primeiros contornos do conflito.

Os referidos relatos contemplam informações que permitirão ao leitor exercitar as duas primeiras etapas do processo de gestão adequada de conflitos: o diagnóstico e a escolha do método.

Vale lembrar que o diagnóstico aprofundado de um conflito é uma atividade que se concretiza no contato interativo com a parte, oportunidade na qual o diálogo se estabelece e são aplicadas as técnicas de comunicação já examinadas, a saber: reafirmação, resumo, perguntas fechadas, perguntas abertas, perguntas circulares, perguntas hipotéticas e perguntas reflexivas. Por essa razão, devemos reconhecer que as informações contempladas nos relatos fictícios que serão explorados a seguir podem ser insuficientes para levar o leitor a identificar, sem margem de erro, o método adequado.

Vimos que o diagnóstico aprofundado de um conflito sempre exigirá o percurso dos três níveis de aprofundamento da *escuta ativa*. No primeiro nível (mais superficial), o gestor do conflito deve se apresentar de forma receptiva a ouvir as informações espontaneamente reveladas pela parte, observando atentamente suas expressões corporais. No segundo nível (intermediário), compete ao gestor promover ponderações e reflexões sobre as informações reveladas espontaneamente pela parte. No terceiro nível (mais aprofundado), o gestor do conflito deve se dedicar à realização de provocações que o levem a alcançar ou confirmar dados não revelados pelo seu interlocutor.

Ressalvada a atividade de observação das expressões corporais da parte que verbaliza o conflito, as demais atribuições inerentes ao percurso dos dois primeiros níveis de aprofundamento da escuta ativa podem ser exercitadas a partir dos relatos hipotéticos que serão explorados na sequência, o que não ocorre em relação ao exercício do terceiro nível de aprofundamento da escuta ativa, que requer uma maior interação do gestor do conflito com o seu interlocutor. A plena exploração do terceiro nível de aprofundamento da escuta ativa exigiria um contato do leitor com os personagens dos casos que serão exemplificados, o que não é possível se reproduzir em um livro.

Para que o leitor possa melhor acompanhar o percurso mental que o levará à escolha do método mais adequado às particularidades de cada caso hipotético retratado a seguir, faremos uso de recortes do fluxograma, da pergunta inaugural (*Há conflito?*) àquela que o levará à identificar o método mais adequado ao caso que será explorado. Os referidos recortes serão acompanhados das justificativas atribuídas às respostas, com fundamento no diagnóstico realizado em cada caso exemplificado.

A leitura dos casos hipotéticos reproduzidos textualmente permitirá ao leitor colocar-se na condição de advogado gestor do conflito relatado pelo seu cliente. Mas, para que o leitor tenha uma noção mais real sobre os desafios inerentes ao desenvolvimento das duas primeiras etapas do processo de gestão adequada de conflitos, disponibilizaremos a opção de acesso aos relatos de verbalização de cada conflito exemplificado, no formato de vídeo. O mesmo conteúdo reproduzido textualmente será disponibilizado em vídeos protagonizados por atores profissionais, que interpretam o papel de clientes do advogado gestor de conflitos.

O acompanhamento da narrativa do cliente por vídeo tornará o exercício ainda mais real, como se ele estivesse olhando nos seus olhos, manifestando suas emoções. O acesso aos vídeos é bastante simples. Basta ter um telefone celular com câmera integrada e acesso à internet e seguir dois passos.

- *Primeiro passo*: Baixar um aplicativo leitor de *QR Code* no telefone celular. *QR Code* é um código de acesso a conteúdos preestabelecidos (como vídeos), impresso em uma representação gráfica semelhante aos já difundidos códigos de barras. Exemplos de aplicativos leitores que podem ser baixados gratuitamente: QR Reader (Apple) e QR Droid (Android).

- *Segundo passo:* Abrir o aplicativo e aproximar a câmera integrada do telefone celular do *QR Cod*. Com a aproximação da câmera, o vídeo será aberto automaticamente.

Antes de adentrarmos na análise dos casos, lançamos ao leitor um desafio: analise os casos colocando-se na condição de advogado que recebe um potencial cliente em seu escritório. Colocando-se na condição de advogado(a), o(a) leitor(a) melhor exercitará o percurso das duas primeiras etapas do processo de gestão adequada de conflitos: o diagnóstico e a escolha do método mais adequado às particularidades do caso concreto.

→ **Caso 1 – Conflito entre João (proprietário de um restaurante) e Pescado & Cia. (empresa fornecedora de frutos do mar):** *detalhamento do percurso mental que leva o gestor de conflitos à escolha do método mais adequado para o caso concreto*

O primeiro caso hipotético que será analisado versa sobre um conflito de interesses que tem como partes duas empresas: um restaurante especializado em frutos do mar, de propriedade do Sr. João, e a Pescado & Cia., empresa especializada em fornecimento de pescados para restaurantes na Região Sudeste.

Movido pelo desejo de superar os transtornos decorrentes da instauração de um conflito com o seu fornecedor (a Pescado & Cia.), o Sr. João se dirige ao escritório de advocacia para relatar o seguinte:

O relato do Sr. João:

"Doutor(a), meu nome é João. Sou proprietário de um restaurante de frutos do mar, tradicional na cidade de Belo Horizonte. Completamos agora trinta anos de sucesso nesse difícil mercado de trabalho. Durante todo esse período, sempre trabalhamos com o mesmo fornecedor de frutos do mar: o carro-chefe do nosso restaurante. Nunca tivemos qualquer tipo de problema com esse fornecedor: a Pescado & Cia. Sempre pontual, ele jamais havia falhado com os seus prazos de entrega dos produtos, até que na, semana passada, aconteceu, pela primeira vez, causando-me um grande prejuízo.

Por isso estou aqui. Quero ser indenizado! Ele deveria entregar os produtos na manhã da segunda-feira, quando o restaurante está fechado para clientes, mas não apareceu. Somente na noite de terça-feira consegui falar com ele, após várias tentativas por telefone. Ele pediu desculpas, disse que enfrenta problemas com funcionários responsáveis pela realização da entrega de produtos e garantiu que eu seria ressarcido pelos prejuízos que me foram causados. Prometeu que tudo seria entregue nas primeiras horas do dia seguinte, ou seja: na quarta-feira. Mais uma vez não foi e não mais atendeu aos meus telefonemas. Ficou sumido até a quinta-feira seguinte, quando apareceu com os produtos aguardados. O(a) Sr.(a) sabe como é! Em Belo Horizonte, estando longe do mar, não é nada fácil comprar frutos do mar frescos. E como eu não tinha outro fornecedor de confiança, fiquei três dias sem frutos do mar no meu cardápio. Meu prejuízo foi grande, já que 80% dos pedidos no meu restaurante correspondem a pratos com frutos do mar. Muitos clientes foram embora do meu restaurante reclamando. Agora Dr.(a), acho justo que ele compense a exata medida do prejuízo decorrente da queda da receita do meu restaurante no período em que fiquei aguardando o fornecimento dos produtos, Mas estou mais preocupado mesmo é com a preservação da minha clientela, que vai ao meu restaurante justamente em função da qualidade dos meus pratos com frutos do mar. Eu diria que os meus clientes já estão acostumados com a qualidade dos produtos da minha cozinha. Estou decepcionado com o meu fornecedor e acho que ele deve se desculpar por isso. Mas, ao mesmo tempo, lamento perder os seus produtos. São os melhores do mercado. Sei que o sucesso do meu restaurante muito decorre da qualidade dos produtos que ele me fornece."

Encerrado o relato do cliente, após realização do diagnóstico do conflito, orientado pelo fluxograma, o(a) advogado(a) estará apto(a) a promover a escolha do método mais adequado às particularidades do caso concreto.

As particularidades do conflito verbalizado por João levam o(a) advogado(a) a realizar o percurso mental descrito a seguir.

→ *Primeira pergunta:* **Há conflito?**

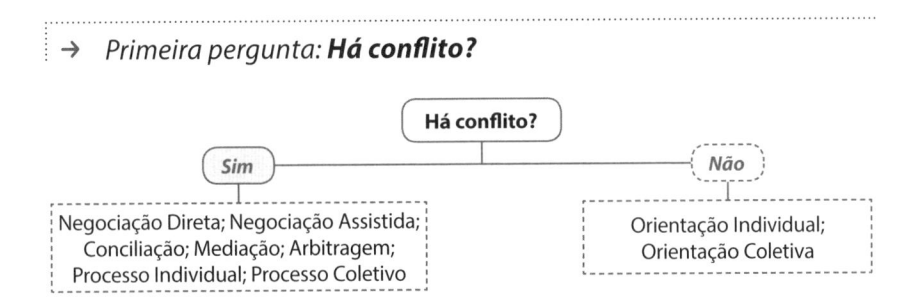

```
                    ┌─────────────┐
                    │ Há conflito?│
         ┌──────────┴──────┬──────┘
      ┌──┴──┐           ┌──┴──┐
      │ Sim │           │ Não │
      └─────┘           └─────┘
Negociação Direta; Negociação Assistida;    Orientação Individual;
Conciliação; Mediação; Arbitragem;          Orientação Coletiva
Processo Individual; Processo Coletivo
```

O relato do Sr. João revela que o conflito está caracterizado em decorrência do descumprimento, pela empresa Pescado & Cia., da prestação de um serviço de fornecimento de pescados ao restaurante de sua propriedade.

A atribuição de uma resposta positiva ao primeiro questionamento (*Há conflito?*) leva o(a) advogado(a) a falsear (excluir) os dois métodos de prevenção de conflitos contemplados no fluxograma, a saber: a orientação individual e a orientação coletiva. Ficam, assim, preservados os métodos de solução de conflitos indicados abaixo.

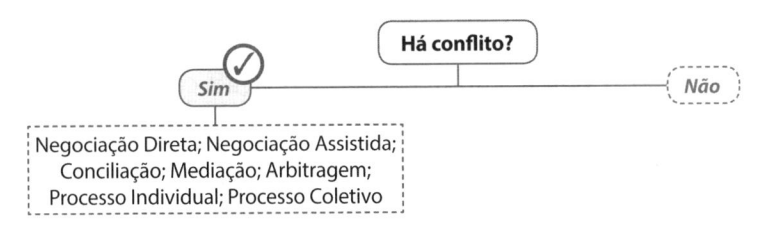

```
                    ┌─────────────┐
                    │ Há conflito?│
         ┌──────────┴──────┬──────┘
     ┌──✓──┐            ┌──┴──┐
     │ Sim │            │ Não │
     └─────┘            └─────┘
Negociação Direta; Negociação Assistida;
Conciliação; Mediação; Arbitragem;
Processo Individual; Processo Coletivo
```

» *Segunda pergunta:* **Há possibilidade de diálogo e prática de concessões?**

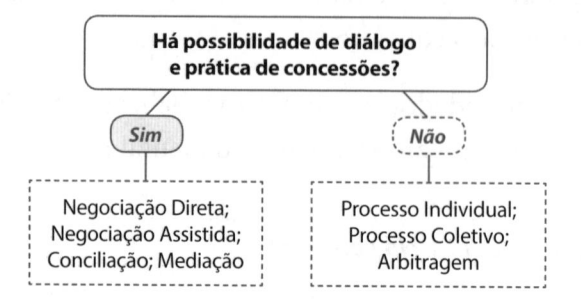

```
                Há possibilidade de diálogo
                e prática de concessões?
                    /              \
                  Sim              Não
                   |                |
        Negociação Direta;    Processo Individual;
        Negociação Assistida; Processo Coletivo;
        Conciliação; Mediação Arbitragem
```

O relato do Sr. João revela que há possibilidade de diálogo e prática de concessões. A conclusão é uma decorrência da constatação dos fatos relatados e dos interesses manifestados pelo Sr. João. As evidências são as seguintes:

- O Sr. João é proprietário de um restaurante especializado em frutos do mar, tradicional na cidade de Belo Horizonte, com trinta anos de existência e sucesso. Nesses trinta anos, o Sr. João sempre manteve uma ótima relação com o seu fornecedor: a Pescado & Cia. Ele afirma que a empresa prestadora de serviço sempre foi pontual nas suas entregas, ou seja: falhou pela primeira vez. Os prejuízos causados pelo atraso justificam a sustentação da seguinte posição: "Quero ser indenizado!". O Sr. João, de fato, deseja ser ressarcido pelos prejuízos gerados, mas há outros interesses em jogo que serão evidenciados a seguir.

- O Sr. João revela a importância da relação comercial firmada com a Pescado & Cia. quando informa que, em Belo Horizonte, não é fácil comprar frutos do mar frescos e declara que o produto fornecido pela Pescado & Cia. é o carro-chefe do restaurante. Afirma, ainda, que lamentaria perder os produtos que classifica como os melhores do mercado. O Sr. João chega a reconhecer que o sucesso do seu restaurante muito decorre da qualidade dos produtos da Pescado & Cia. Se os produtos fornecidos pela Pescado & Cia. são tão bem recebidos pela clientela e importantes para o restaurante (por corresponder a 80% dos pedidos e a maior parte da sua receita), a negativa ao diálogo e à pratica de concessões provavelmente resultaria na ruptura de uma relação bem-sucedida.

- O Sr. João reconhece não ter outro fornecedor de confiança, fato que reforça a necessidade da preservação da relação comercial – interesse que dificilmente seria consagrado sem a abertura ao diálogo e à prática de concessões.

- O pedido de desculpas do fornecedor, apesar de não seguido da imediata prestação do serviço em atraso, revela que ele reconhece sua responsabilidade. Esse reconhecimento é o primeiro passo para a abertura ao diálogo e a aceitação da prática de concessões. Ao declarar estar decepcionado com o fornecedor, dizendo que ele lhe deve um pedido de desculpas, o Sr. João reafirma o interesse de manter a relação comercial com a Pescado & Cia.

- Ao dizer que o Sr. João será ressarcido pelos prejuízos gerados, o fornecedor reforça o reconhecimento da sua responsabilidade. Essa atitude deve ser interpretada como uma manifestação concreta de indicação para a prática da autocomposição.

- Quando declara achar justo que o fornecedor compense a exata medida do prejuízo decorrente da queda da receita do restaurante, resultante do atraso na entrega dos produtos contratados, o Sr. João revela que o ressarcimento dos prejuízos é um interesse correspondente com a posição declarada. Mas, logo na sequência, ele declara sua preocupação com a possibilidade de frustração do seu principal interesse: a preservação da sua clientela, que frequenta o restaurante em função da qualidade dos pratos de frutos do mar. Trata-se de uma importante motivação para a preservação da relação comercial, objetivo que não se concretizaria sem a abertura ao diálogo e à prática de concessões.

- Ao declarar que enfrenta problemas com funcionários responsáveis pela realização da entrega dos seus produtos, o fornecedor justifica o descumprimento das obrigações que lhe cabem. Se a justificativa é plausível, ainda não se sabe, mas certamente, uma conversa poderia esclarecer.

A atribuição de uma resposta positiva ao segundo questionamento (*Há possibilidade de diálogo e prática de concessões?*) leva o(a) advogado(a) a falsear (excluir) os três métodos heterocompositivos contemplados no fluxograma, a saber: o processo judicial individual, o processo judicial coletivo e a arbitragem. Ficam, assim, preservados os métodos autocompositivos indicados abaixo.

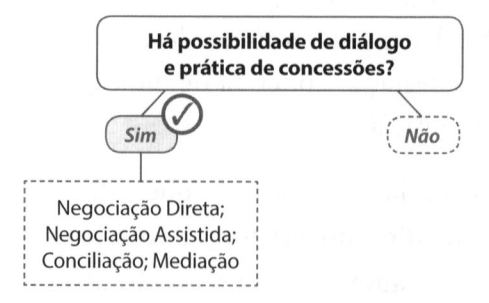

```
        Há possibilidade de diálogo
          e prática de concessões?
         ✓
       Sim              Não

    Negociação Direta;
    Negociação Assistida;
    Conciliação; Mediação
```

» *Terceira pergunta:* **O fluxo comunicacional está fragilizado?**

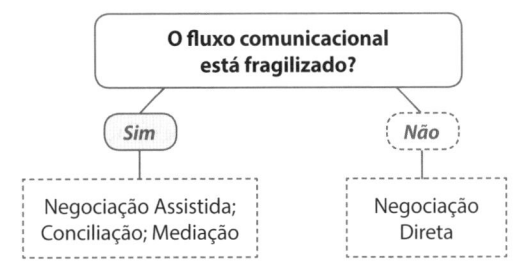

```
        O fluxo comunicacional
           está fragilizado?
          /                \
        Sim                Não
         |                  |
  Negociação Assistida;   Negociação
  Conciliação; Mediação     Direta
```

O relato do Sr. João revela que o fluxo comunicacional foi fragilizado, ou seja: as partes não dialogam de forma plena, respeitosa e colaborativa. A conclusão é uma decorrência das seguintes constatações:

- As diversas tentativas frustradas de contato com o fornecedor causaram frustração no Sr. João, que chegou a declarar estar decepcionado com o fornecedor.

- Ao afirmar que o fornecedor lhe deve um pedido de desculpas, o Sr. João indica que o fluxo de comunicação está fragilizado, mas não interrompido, podendo, assim, ser restabelecido.

A atribuição de uma resposta positiva ao terceiro questionamento (*O fluxo comunicacional está fragilizado?*) leva o(a) advogado(a) a falsear (excluir) a negociação direta. Ficam, assim, preservados os três métodos autocompositivos indicados abaixo.

```
        O fluxo comunicacional
           está fragilizado?
          /                \
       Sim ✓                Não
         |
  Negociação Assistida;
  Conciliação; Mediação
```

» *Quarta pergunta:* **O caso demanda a intervenção de um terceiro imparcial facilitador da comunicação e da prática de concessões?**

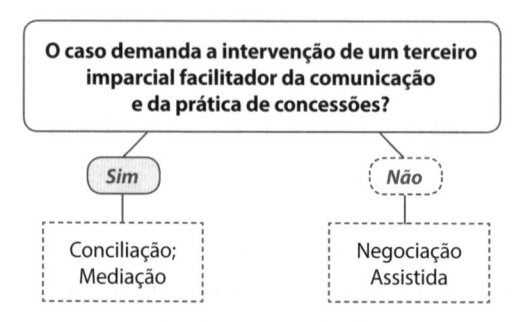

```
┌─────────────────────────────────────┐
│ O caso demanda a intervenção de um  │
│ terceiro imparcial facilitador da   │
│ comunicação e da prática de         │
│ concessões?                         │
└─────────────────────────────────────┘
         │                    │
       (Sim)                (Não)
         │                    │
  ┌──────────────┐    ┌──────────────┐
  │ Conciliação; │    │  Negociação  │
  │  Mediação    │    │  Assistida   │
  └──────────────┘    └──────────────┘
```

O relato do Sr. João não apresenta informações suficientes que nos permitam concluir, sem margem de erro, se o caso demanda ou não a intervenção de um terceiro imparcial facilitador da comunicação e da prática de concessões. Esse terceiro imparcial poderia ser um mediador ou um conciliador.

Conforme já registrado, o diagnóstico aprofundado de um conflito é uma atividade que se concretiza no contato interativo com a parte, oportunidade na qual o diálogo se estabelece e são aplicadas diversas técnicas de comunicação (reafirmação, resumo, perguntas fechadas, perguntas abertas, perguntas circulares, perguntas hipotéticas e perguntas reflexivas) exigidas no percurso dos três níveis de aprofundamento da *escuta ativa* já analisadas. No caso em análise, o percurso do terceiro nível de aprofundamento da escuta ativa (o mais aprofundado, no qual o advogado se dedicaria à realização de provocações que o levariam a alcançar ou a confirmar dados não revelados espontaneamente pelo Sr. João) poderia levar o gestor do conflito a constatar que a autocomposição pode ser realizada entre as partes, assistidas por seus advogados, sem a necessidade da intervenção de um conciliador ou de um mediador. Isso ocorreria se o advogado constatasse:

- que o seu cliente não está disposto a arcar com os custos de uma mediação ou conciliação extrajudicial, além dos gastos decorrentes da sua contratação como o advogado que o representaria em uma negociação assistida;

- que a intervenção de um terceiro imparcial não é necessária, por considerar que os advogados sejam capazes de negociar os interesses das partes envolvidas no conflito sem o auxílio de um terceiro imparcial que garantisse o respeito à ordem de fala ou que os orientasse no sentido da realização de uma negociação colaborativa mais técnica e produtiva.

No caso de atribuição de uma resposta negativa ao quarto questionamento (*O caso demanda a intervenção de um terceiro imparcial facilitador da comunicação e da prática de concessões?*), o advogado a falsearia, isto é, excluiria do processo de falseamento a conciliação e a mediação. Consequentemente, restaria preservada a negociação assistida como único método sobrevivente aos testes de falseamento realizados pelo gestor do conflito, conforme indicado a seguir.

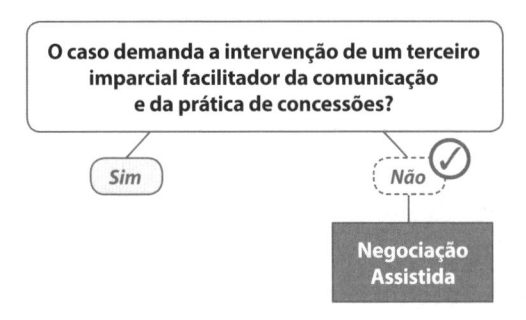

```
    O caso demanda a intervenção de um terceiro
      imparcial facilitador da comunicação
          e da prática de concessões?
         /                        \
       Sim                      Não ✓
                                  |
                             Negociação
                              Assistida
```

Caso contrário, se o gestor do conflito atribuísse uma resposta positiva ao quarto questionamento (*O caso demanda a intervenção de um terceiro imparcial facilitador da comunicação e da prática de concessões?*), restaria falseada (excluída) a negociação assistida. Ficam, assim, preservados os dois métodos autocompositivos indicados abaixo.

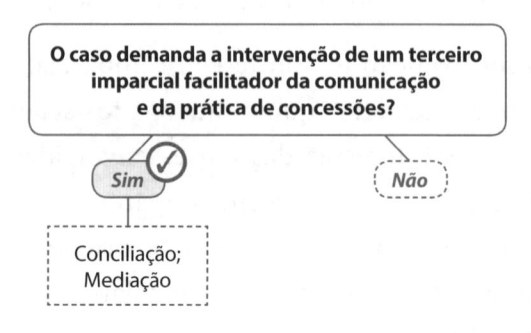

```
O caso demanda a intervenção de um terceiro
imparcial facilitador da comunicação
e da prática de concessões?
         │
   ┌─────┴─────┐
  Sim ✓       Não
   │
Conciliação;
Mediação
```

A atribuição de resposta positiva ao quarto questionamento (*O caso demanda a intervenção de um terceiro imparcial facilitador da comunicação e da prática de concessões?*) abre espaço para o encaminhamento de novos questionamentos, que levarão o advogado a realizar mais uma operação de falseamento.

» *Quinta pergunta:* **A relação é continuada?**

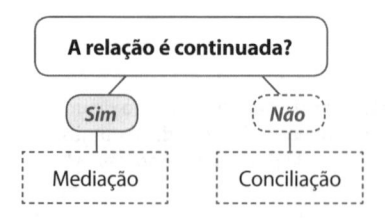

```
A relação é continuada?
      │
  ┌───┴───┐
 Sim     Não
  │       │
Mediação Conciliação
```

O relato do Sr. João revela que a relação é continuada por estar caracterizada: pela existência de um histórico de relação comercial bem-sucedida, anterior à manifestação do conflito;

e pela perspectiva de manutenção do vínculo pró-futuro, após a superação da controvérsia. Nesses casos, além da pacificação do conflito manifesto, as partes devem desenvolver condições básicas para a preservação da convivência, prevenindo, assim, o surgimento de futuras disputas. Conflitos inseridos no contexto de relações dessa natureza, conforme já destacado, não recomendam o emprego das técnicas de conciliação, pois são insuficientes para proporcionar a consagração de quatro objetivos inerentes à mediação: o fortalecimento do diálogo; a exploração aprofundada dos interesses em jogo; o restabelecimento do relacionamento entre as partes conflitantes; e o empoderamento delas.

A atribuição de uma resposta positiva ao quinto questionamento (*A relação é continuada?*) leva o advogado a falsear (excluir) a conciliação.

Consequentemente, resta preservada a mediação: único método que sobreviveu aos testes de falseamento realizados pelo gestor do conflito.

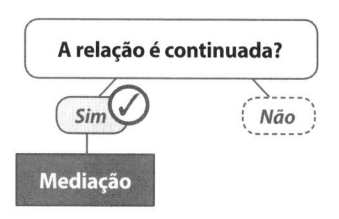

```
        A relação é continuada?
         Sim ✓        Não
         Mediação
```

Fica, assim, estabelecido que o método mais adequado para a gestão do conflito relatado pelo Sr. João é a *mediação*. Você poderia representar os interesses do Sr. João, como advogado(a), ou atuar como mediador(a) das partes, se capacitado(a) for para desempenhar essa função.

→ *Caso 2 – Conflito entre Pedro (proprietário de uma padaria) e Moinhos (empresa especializada no fornecimento de farinha para padarias):* **detalhamento do percurso mental que leva o gestor de conflitos à escolha do método mais adequado para o caso concreto**

O segundo caso hipotético que será analisado versa sobre um conflito de interesses que tem como partes duas empresas: uma padaria de propriedade do Sr. Pedro e a Moinhos Vitória, empresa especializada em fornecimento de farinha para padarias do Espírito Santo.

Movido pelo desejo de superar os transtornos decorrentes da instauração de um conflito com o seu fornecedor (a Moinhos Vitória), o Sr. Pedro se dirige ao seu escritório de advocacia para lhe relatar o seguinte:

O relato do Sr. Pedro:

"Dr.(a), meu nome é Pedro. Sou proprietário de uma padaria conceituada na cidade de Vitória: a maior do ramo, apesar de ter apenas cinco anos de existência. Sempre trabalhamos com o mesmo fornecedor de farinha: a Moinhos. O preço desse fornecedor sempre foi superior ao da concorrência. A qualidade do produto também é a mesma. O contrato de prestação de serviços com a Moinhos foi firmado por influência do

meu ex-sócio, que é cunhado do proprietário da empresa. O nosso diferencial nunca foi a matéria-prima fornecida pela Moinhos, mas sim a nossa receita e o serviço que prestamos. Mesmo depois de romper com o meu ex-sócio, permaneci com o mesmo fornecedor. Foi um grande erro meu. Na semana passada a Moinhos falhou mais uma vez, causando-me prejuízos. E não foi a primeira vez. Soube, inclusive, que a Moinhos descumpre prazos de entrega de produtos com outras padarias. O fornecedor deveria entregar os produtos na segunda-feira da semana passada, mas não apareceu. Tentei estabelecer contato, sem sucesso. Mas, como o representante da Moinhos não deu notícias, tive que recorrer a outro fornecedor. Sabe como é Dr.(a), na urgência, tudo fica mais caro. Tive que pagar uma fortuna pelo produto nas mãos de outro fornecedor aproveitador. Por isso estou aqui, Dr.(a). Quero ser indenizado! Não tenho urgência no recebimento dessa indenização. O mais importante é que esse fornecedor pague por isso. Deve ser punido e compensar o meu prejuízo. Também é bom que ele aprenda a não mais fazer isso com outras pessoas que, como eu, dependem da seriedade dos seus fornecedores para prestar um serviço de qualidade aos seus clientes. Agora já arrumei outro ótimo fornecedor e, por sorte, não causei maiores transtornos aos meus clientes, mas sempre estarei preocupado mesmo é com a preservação da minha clientela, que vai ao meu estabelecimento justamente em função da variedade e qualidade dos meus produtos. Sabe como é Dr.(a), meu maior patrimônio é a minha clientela. E digo mais Dr.(a): não aceito mais conversar com aquele sujeito! Não tenho motivos para dialogar com ele."

Encerrado o relato do cliente, após realização do diagnóstico do conflito, orientado pelo fluxograma, o(a) advogado(a) estará apto(a) a promover a escolha do método mais adequado às particularidades do caso concreto.

As particularidades do conflito verbalizado pelo Sr. Pedro levam o(a) advogado(a) a realizar o percurso mental descrito a seguir.

» *Primeira pergunta:* **Há conflito?**

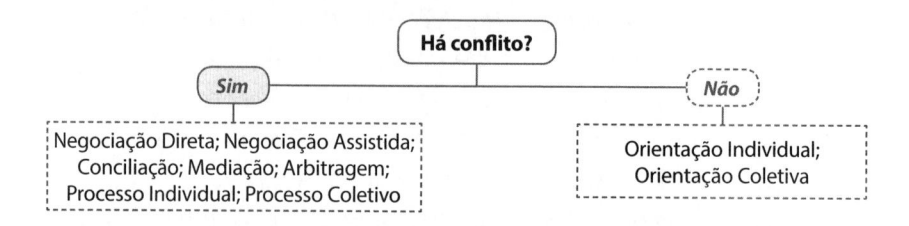

```
                    ┌──────────────┐
                    │  Há conflito? │
                    └──────────────┘
              ┌────────┴────────┐
           ( Sim )            ( Não )
```
- Sim: Negociação Direta; Negociação Assistida; Conciliação; Mediação; Arbitragem; Processo Individual; Processo Coletivo
- Não: Orientação Individual; Orientação Coletiva

O relato do Sr. Pedro revela que o conflito está caracterizado, em decorrência do descumprimento contratual, pela empresa Moinhos, relativo à prestação de um serviço de fornecimento de farinha à padaria. Ficam, assim, preservados os métodos de solução de conflitos indicados abaixo.

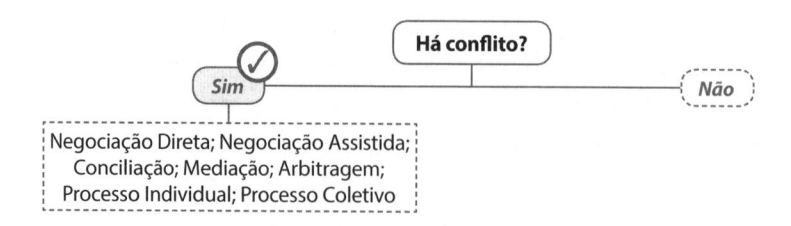

```
                    ┌──────────────┐
                    │  Há conflito? │
                    └──────────────┘
              ┌────────┴────────┐
           ( Sim ✓)           ( Não )
```
- Sim: Negociação Direta; Negociação Assistida; Conciliação; Mediação; Arbitragem; Processo Individual; Processo Coletivo

» *Segunda pergunta:* **Há possibilidade de diálogo e prática de concessões?**

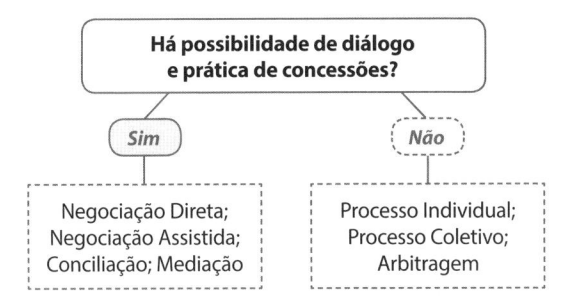

```
                Há possibilidade de diálogo
                  e prática de concessões?
                    /                \
                  Sim                Não
                   |                  |
        Negociação Direta;      Processo Individual;
        Negociação Assistida;   Processo Coletivo;
        Conciliação; Mediação   Arbitragem
```

O relato do Sr. João revela que não há possibilidade de diálogo e prática de concessões. A conclusão é uma decorrência da constatação de diversos fatos relatados e interesses manifestados pelo Sr. Pedro. As evidências são as seguintes:

- O Sr. Pedro alega que a decisão de contratar os serviços da Moinhos foi do seu ex-sócio, que é cunhado do proprietário da empresa. Ele se arrepende de ter mantido o contrato após a ruptura da relação com o seu ex-sócio.

- O preço do produto fornecido pela Moinhos sempre foi superior ao da concorrência. A qualidade da matéria-prima fornecida pela Moinhos também nunca foi um diferencial na fabricação dos produtos vendidos na sua padaria. O diferencial estaria na receita. Logo, não haveria motivos para a retomada de uma relação comercial já interrompida.

- O Sr. Pedro **também** informa que tentou estabelecer contato com o **representante** da Moinhos, mas ele não o atendeu.

- A Moinhos falhou outras vezes, causando-lhe prejuízos. O descumprimento de obrigações também teria afetado outras padarias concorrentes, fato que o Sr. Pedro considera inaceitável.

- A posição manifestada pelo Sr. Pedro está sustentada em interesses de três diferentes naturezas: punitiva (punir a Moinhos pelo descumprimento do contrato); compensatória (ser compensado pelos prejuízos materiais gerados decorrentes da compra emergencial de farinha, com um preço mais elevado); e pedagógica (fazer com que a Moinhos aprenda a cumprir as obrigações assumidas com proprietários de outras padarias). A satisfação dos interesses de natureza compensatória e pedagógica até poderia ser atendida em uma autocomposição, o que não se pode dizer quanto ao interesse punitivo.

- Não há urgência quanto ao recebimento de uma indenização, fato que afasta a recomendação da prática de concessões como forma de obtenção de uma indenização em prazo inferior ao que seria demandado em um processo judicial.

- O Sr. Pedro já tem outro fornecedor, que lhe oferece produtos da mesma qualidade, a um custo menor.

- Ele também informa que não aceita dialogar com o proprietário da Moinhos.

A atribuição de uma resposta negativa ao segundo questionamento (*Há possibilidade de diálogo e prática de concessões?*) leva o(a) advogado(a) a falsear (excluir) os quatro métodos autocompositivos contemplados no fluxograma, a saber: negociação direta, negociação assistida, conciliação e mediação. Ficam, assim, preservados os métodos heterocompositivos indicados abaixo.

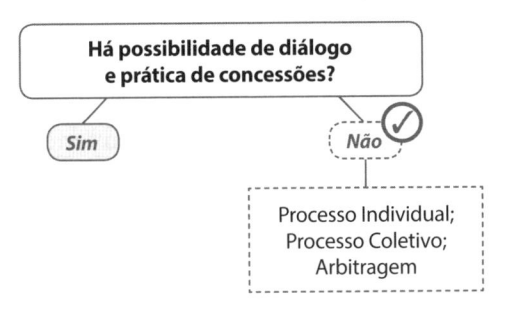

```
        Há possibilidade de diálogo
         e prática de concessões?
         /                    \
       Sim                    Não ✓
                               |
                      Processo Individual;
                      Processo Coletivo;
                      Arbitragem
```

» *Terceira pergunta:* **Há convenção de arbitragem?**

```
         Há convenção de arbitragem?
          /                    \
        Sim                    Não
         |                      |
     Arbitragem          Processo Individual;
                         Processo Coletivo;
```

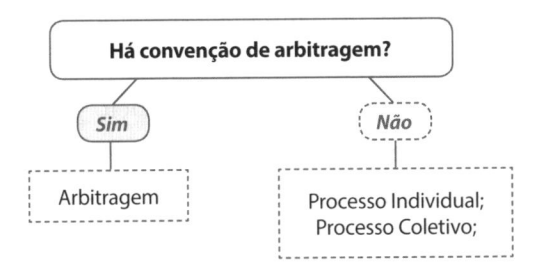

O relato do Sr. João não apresenta informações suficientes que nos permitam concluir, sem margem de erro, se o contrato contempla uma cláusula arbitral.

Conforme já registrado, o diagnóstico aprofundado de um conflito é uma atividade que se concretiza no contato interativo com a parte, oportunidade na qual o diálogo se estabelece e são aplicadas diversas técnicas de comunicação (reafirmação, resumo, perguntas fechadas, perguntas abertas, perguntas circulares, perguntas hipotéticas e perguntas reflexivas) exigidas no percurso dos três níveis de aprofundamento da *escuta ativa* já analisados. No caso em análise, o percurso do terceiro nível de aprofundamento da escuta ativa (o mais aprofundado, no qual o advogado se dedicaria à realização de provocações que o levariam a alcançar ou a confirmar dados não revelados espontaneamente pelo Sr. Pedro), poderia levar o gestor do conflito a constatar que a arbitragem foi convencionada entre as partes. Isso ocorreria se o advogado identificasse a existência de uma cláusula arbitral no contrato firmado entre o Sr. Pedro e a Moinhos.

No caso de atribuição de uma resposta positiva ao terceiro questionamento (*Há convenção de arbitragem?*), o advogado a falsearia, ou seja, excluiria do processo de falseamento o processo judicial individual e o processo judicial coletivo. Consequentemente, restaria preservada a arbitragem como único método sobrevivente aos testes de falseamento realizados pelo gestor do conflito, conforme indicado a seguir.

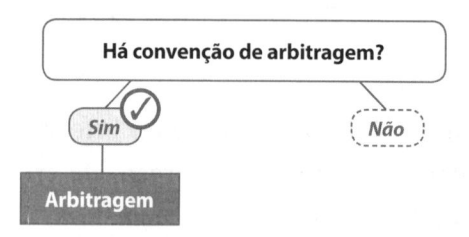

```
        Há convenção de arbitragem?
           /              \
        Sim ✓            Não
         |
     Arbitragem
```

Caso contrário, se o gestor do conflito atribuísse uma resposta negativa ao terceiro questionamento (*Há convenção de arbitragem?*), o advogado a falsearia e excluiria do processo de falseamento a arbitragem. Consequentemente, restariam preservadas duas possibilidades de encaminhamento ao conflito, conforme indicado a seguir.

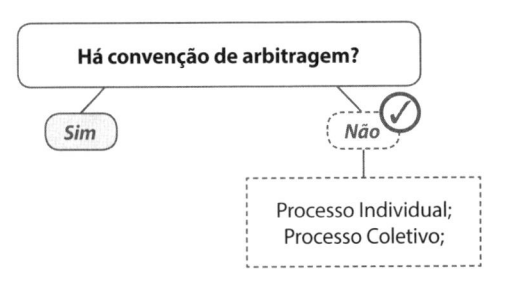

```
        Há convenção de arbitragem?
         /                    \
       Sim                    Não ✓
                               |
                      Processo Individual;
                      Processo Coletivo;
```

» *Quarta pergunta:* **A demanda individual pode ter fundo coletivo?**

```
        A demanda individual
        pode ter fundo coletivo?
         /                    \
       Sim                    Não
        |                      |
     Processo               Processo
     Coletivo               Individual
```

O relato do Sr. João indica que sua demanda não tem fundo coletivo, ou seja: trata-se de uma situação individualizada, restrita à relação comercial estabelecida com a Moinhos Vitória.

A atribuição de resposta negativa ao quarto questionamento (*A demanda individual pode ter fundo coletivo?*) leva o advogado a falsear (excluir) o processo judicial coletivo. Consequentemente, resta preservado o processo judicial individual: único método que sobreviveu aos testes de falseamento realizados pelo gestor do conflito.

```
        ┌─────────────────────────┐
        │  A demanda individual   │
        │  pode ter fundo coletivo? │
        └──────┬──────────┬───────┘
          ┌────┴──┐   ┌───┴──┐
          │  Sim  │   │ Não ✓│
          └───────┘   └───┬──┘
                      ┌───┴──────┐
                      │ Processo │
                      │Individual│
                      └──────────┘
```

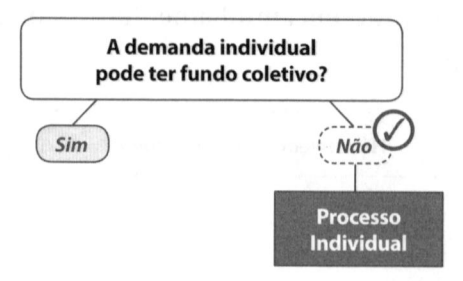

Fica, assim, estabelecido que o método mais adequado para a gestão do conflito relatado pelo Sr. Pedro é o *processo judicial individual*. Você poderia representar os interesses de Pedro na ação.

→ *Caso 3 – Conflito entre Beatriz e seu pai* (abandono afetivo): **detalhamento do percurso mental que leva o gestor de conflitos à escolha do método mais adequado para o caso concreto**

O terceiro caso hipotético que será analisado versa sobre um conflito de interesses que tem como partes duas pessoas físicas: uma jovem chamada Beatriz e seu pai.

Movida pelo desejo de superar os transtornos decorrentes da omissão do seu pai, que teria lhe negado o direito ao convívio e à prestação de assistência afetiva e psíquica, a partir do momento em que se divorciou de sua mãe (prática conhecida como abandono afetivo), Beatriz se dirige ao seu escritório de advocacia para lhe relatar o seguinte:

O Relato de Beatriz

"Meu nome é Beatriz. Meus pais se divorciaram quando eu tinha dez anos de idade. Apesar de bastante nova naquela época, mantenho na memória a lembrança das brigas e trocas de acusações que motivaram a separação dos dois. Dez anos se passaram e ainda hoje sofro com a falta de convivência com o meu pai. Ele sempre cumpriu com a obrigação judicialmente estabelecida quanto ao pagamento de uma pensão alimentícia em meu benefício. Hoje quem paga a minha faculdade ainda é o meu pai. Não posso reclamar da assistência material prestada por ele. O problema sempre foi a falta de assistência psíquica e afetiva, decorrente da total ausência de convívio após o divórcio. Nesses dez anos de afastamento, quase não nos falamos e poucas vezes nos encontramos. Minha mãe sempre disse que melhor seria se eu esquecesse o meu pai. Ela o acusa até hoje de ter abandonado a família, para se dedicar a um relacionamento extraconjugal. Algumas pessoas da minha família já me disseram que meu pai até tentou manter um vínculo de convivência comigo, por diversas vezes, mas não obteve sucesso. Minha mãe nega a informação, mas acredito que seja verdade. Essas tentativas de contato teriam sido frustradas por culpa da minha mãe que, por não aceitar o divórcio, jamais permitiu que as visitações ocorressem conforme estabelecido judicialmente. Segundo alegaram alguns familiares, as visitações semanais tornaram-se insustentáveis a tal ponto que jamais se repetiram. Dois anos após o divórcio, meu pai se casou novamente, deixou a cidade de Vitória, para morar

no Rio de Janeiro. Desde então, nunca mais nos falamos. Sempre senti falta de uma convivência com o meu pai, especialmente nos momentos mais difíceis e importantes da minha vida, como por exemplo: quando perdi os meus avós, que me criaram juntamente com a minha mãe; quando tive que acompanhar a minha mãe em um tratamento contra uma doença grave no ano passado; e até mesmo quando tive que fazer uma escolha pelo curso superior e a instituição na qual prestaria o vestibular. Mas também sofri com essa falta de convivência em momentos de alegria e conquistas na minha vida. Não ter o meu pai ao meu lado, na tristeza e na alegria, sempre foi, e ainda é, motivo de sofrimento para mim. Sofrimento que carrego também por jamais ter tido contato com o meu único irmão, filho do meu pai com sua segunda esposa. Como disse, Dr.(a), sempre convivi com esse sofrimento, em silêncio, compartilhando apenas os meus sentimentos com o psicólogo que me acompanha desde o divórcio dos meus pais. Nunca tive coragem de provocar uma aproximação com o meu pai, apesar de ter certeza de que, se assim eu fizesse, ele me receberia para uma conversa. Um irmão do meu pai disse que ele sempre esteve aberto ao diálogo e à aproximação interrompida. Sempre tive vontade de procurá-lo, mas nunca me senti segura para encarar essa tentativa de aproximação sozinha, sem o apoio de alguém que pudesse estar ao meu lado, representando os meus interesses e defendendo os meus direitos. Também tenho receio de que uma aproximação com o meu pai possa decepcionar a minha mãe, que sempre se dedicou a mim de corpo e alma, não merecendo, portanto, esse tipo de traição. Mas as pessoas mais próximas a mim sabem que estou disposta a perdoar qualquer omissão do meu pai, para ter a oportunidade de iniciar uma relação de convivência, inclusive com o irmão que até hoje não conheci. Na semana passada, um amigo me mostrou uma matéria de jornal, que me fez pensar ainda mais em tudo isso. E

> *é por conta disso que estou aqui. A manchete, estampada no jornal, diz o seguinte: 'Pai terá de pagar R$ 200 mil à filha por abandono afetivo, decide STJ". Conversei com algumas pessoas do Direito sobre o assunto. Elas me disseram que o não cumprimento do dever de assistência moral e afetiva a um filho, durante o desenvolvimento da criança, pode motivar a condenação do pai ao pagamento de uma indenização em favor do filho, por ausência de afeto. Essa notícia me fez pensar sobre como agir diante dessa situação, motivo pelo qual estou aqui. Quero ser indenizada pelo mesmo motivo: ausência de afeto! Quem sabe pagando caro por sua omissão, meu pai não aprenda e passe de uma vez por todas a prover aquilo que ainda hoje me falta: o afeto e a convivência familiar. Mas, ao mesmo tempo, Dr.(a), tenho medo de que uma disputa judicial nesse sentido possa sepultar, de uma vez por todas, qualquer possibilidade de aproximação com o meu pai e meu único irmão. Também não posso decepcionar minha mãe. Estou insegura."*

Encerrado o relato da cliente, após realização do diagnóstico do conflito, orientado pelo fluxograma, o(a) advogado(a) estará apto a promover a escolha do método mais adequado às particularidades do caso concreto.

As particularidades do conflito verbalizado por Beatriz levam o(a) advogado(a) a realizar o percurso mental descrito a seguir.

» *Primeira pergunta:* **Há conflito?**

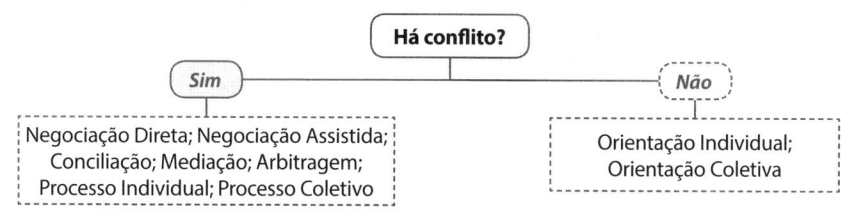

```
                    Há conflito?
                   /            \
                 Sim            Não
                  |              |
 Negociação Direta; Negociação   Orientação Individual;
 Assistida; Conciliação;         Orientação Coletiva
 Mediação; Arbitragem;
 Processo Individual; Processo Coletivo
```

O relato de Beatriz revela que o conflito está caracterizado em decorrência do descumprimento da obrigação que lhe cabe, como pai, de lhe proporcionar o direito ao convívio e à assistência psíquica e afetiva.

A atribuição de uma resposta positiva ao primeiro questionamento (*Há conflito?*) leva o(a) advogado(a) a falsear (excluir) os dois métodos de prevenção de conflitos contemplados no fluxograma, a saber: a orientação individual e a orientação coletiva. Ficam, assim, preservados os métodos de solução de conflitos indicados a seguir:

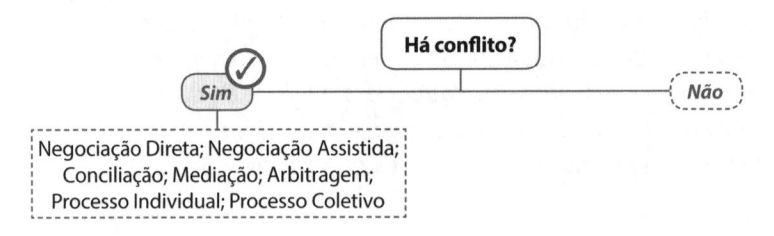

```
                    Há conflito?
                   /            \
                 Sim            Não
                  |
   Negociação Direta; Negociação Assistida;
   Conciliação; Mediação; Arbitragem;
   Processo Individual; Processo Coletivo
```

» *Segunda pergunta:* **Há possibilidade de diálogo e prática de concessões?**

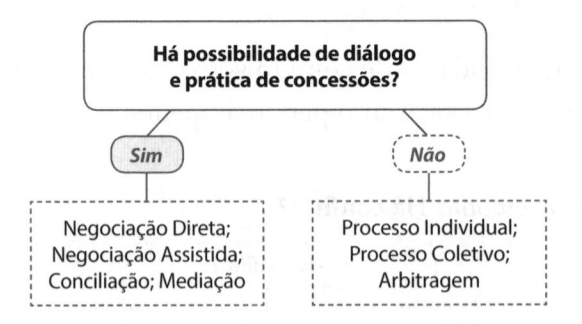

```
          Há possibilidade de diálogo
            e prática de concessões?
              /                  \
            Sim                  Não
             |                    |
     Negociação Direta;    Processo Individual;
     Negociação Assistida; Processo Coletivo;
     Conciliação; Mediação  Arbitragem
```

O relato de Beatriz revela que há possibilidade de diálogo e prática de concessões. A conclusão é uma decorrência da constatação de diversos fatos relatados e interesses manifestados por Beatriz. As evidências são as seguintes:

- É sabido que, por diversas vezes, o pai de Beatriz tentou manter a relação de convivência familiar, especialmente o convívio com a filha. Tal fato, revelado por pessoas da família, indica que o pai de Beatriz se afastou por motivos alheios à sua vontade.

- A suspeita de que o convívio foi interrompido por influência de sua mãe é evidenciada por Beatriz quando afirma: "Minha mãe sempre disse que melhor seria se eu esquecesse o meu pai. Ela o acusa até hoje de ter abandonado a família para se dedicar a uma nova mulher".

- Beatriz revela que sua mãe jamais aceitou o divórcio. Esse sentimento de inconformismo, segundo ela, teria levado sua mãe a criar obstáculos à realização das visitações judicialmente estabelecidas. Esses entraves afastaram seu pai de tal forma que as visitações jamais se repetiram. Pai e filha deixaram de se falar quando o primeiro se mudou para a cidade do Rio de Janeiro.

- Beatriz declara que sempre sentiu falta da convivência de seu pai nos momentos de dificuldade e de alegria. A falta de convívio com o pai ainda hoje é motivo de sofrimento: sentimento que se agrava pelo fato de jamais ter estabelecido contato com seu único irmão, que é filho do seu pai com a segunda esposa.

- Beatriz reconhece que lhe faltou coragem para tentar se aproximar do pai, mesmo tendo a certeza de que ele o acolheria. A falta de coragem, em parte, justifica-se no receio de decepcionar sua mãe. Mas ela está disposta a perdoar seu pai por eventuais omissões. Seu maior interesse é o restabelecimento da relação de convivência com o pai. Ela também deseja se aproximar do irmão. Os interesses de Beatriz (afeto e convivência familiar) não correspondem à posição verbalizada, qual seja: ser indenizada por abandono afetivo. Isso significa que uma eventual condenação do pai ao pagamento de uma indenização não lhe proporcionaria a satisfação dos seus interesses.

- Ao declarar ter medo de que uma disputa judicial sepulte de uma vez por todas qualquer possibilidade de aproximação com o seu pai e com o seu irmão, Beatriz indica que a aplicação de um método autocompositivo poderia lhe produzir os efeitos desejados.

A atribuição de uma resposta positiva ao segundo questionamento (*Há possibilidade de diálogo e prática de concessões?*) leva o(a) advogado(a) a falsear (excluir) os três métodos heterocompositivos contemplados no fluxograma, a saber: o processo judicial individual, o processo judicial coletivo e a arbitragem. Ficam, assim, preservados os seguintes métodos autocompositivos indicados:

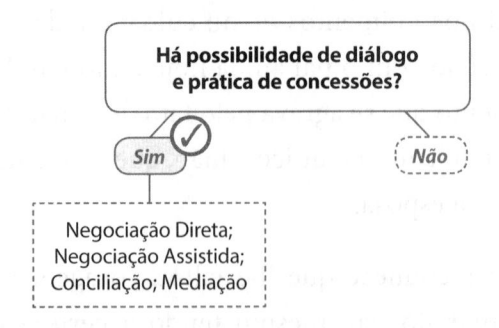

```
              Há possibilidade de diálogo
               e prática de concessões?
           Sim ✓                    Não
    ┌──────────────────────┐
    │ Negociação Direta;   │
    │ Negociação Assistida;│
    │ Conciliação; Mediação│
    └──────────────────────┘
```

» *Terceira pergunta:* **O fluxo comunicacional está fragilizado?**

```
        O fluxo comunicacional
          está fragilizado?
          /            \
        Sim            Não
         |              |
  Negociação Assistida;   Negociação
  Conciliação; Mediação    Direta
```

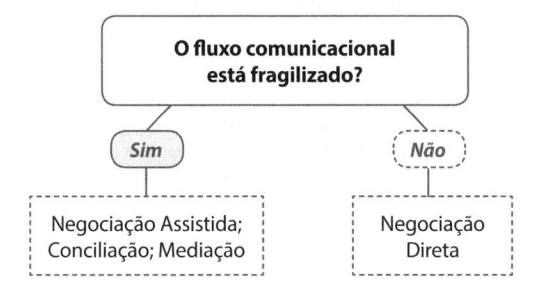

O relato de Beatriz revela que o fluxo comunicacional foi fragilizado. A conclusão é uma decorrência da seguinte constatação:

- A convivência de Beatriz com seu pai foi interrompida. Eles não mais se comunicam, apesar de desejarem uma reaproximação.

A atribuição de uma resposta positiva ao terceiro questionamento (*O fluxo comunicacional está fragilizado?*) leva o(a) advogado(a) a falsear (excluir) a negociação direta. Ficam, assim, preservados os três métodos autocompositivos indicados abaixo.

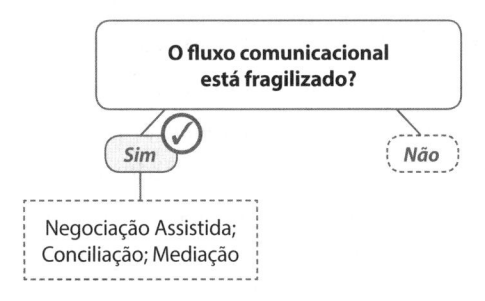

```
        O fluxo comunicacional
          está fragilizado?
          /            \
        Sim ✓          Não
         |
  Negociação Assistida;
  Conciliação; Mediação
```

» *Quarta pergunta:* **O caso demanda a intervenção de um terceiro imparcial facilitador da comunicação e da prática de concessões?**

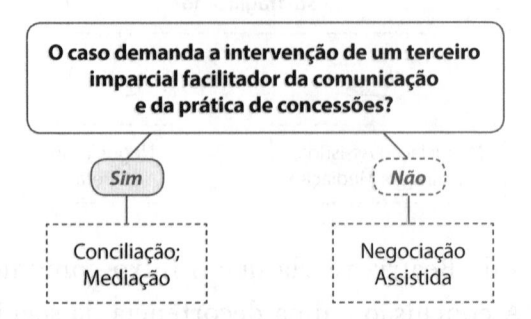

```
                O caso demanda a intervenção de um terceiro
                 imparcial facilitador da comunicação
                      e da prática de concessões?

              Sim                                    Não

         Conciliação;                          Negociação
          Mediação                             Assistida
```

O relato de Beatriz revela que o caso demanda a intervenção de um terceiro imparcial facilitador da comunicação e da prática de concessões pelos seguintes motivos:

- Pai e filha perderam a convivência e não mais se comunicam. Tal fato revela que o restabelecimento do diálogo não será tarefa fácil, especialmente se considerarmos que a mãe de Beatriz já ofereceu resistência à retomada do convívio entre pai e filha. Em situações como essa, de total ruptura das relações de diálogo e convivência, a intervenção de um terceiro imparcial facilitador do restabelecimento do diálogo se faz necessária. Esse terceiro imparcial tem autoridade para: presidir a autocomposição, decidindo a ordem de enfrentamento dos temas do conflito, segundo os critérios que lhe pareçam mais adequados às particularidades do caso concreto; zelar pelo respeito à ordem de falas entre as partes; fazer as provocações necessárias para que os interesses velados sejam manifestados e debatidos; dirigir às partes questionamentos que as levem a se colocar no lugar do outro, permitido, assim, que as razões e sentimentos de ambos sejam melhor compreendidos. Negociadores teriam maior dificuldade para a realização dessas atribuições em decorrência da falta de imparcialidade.

- O caso em questão é qualificado pela presença de fatores de ordem subjetiva, que devem ser enfrentados e superados como condição para que os interesses de Beatriz sejam satisfeitos. Dentre esses fatores, destacam-se: as magoas e frustrações da garota, o medo de decepcionar sua mãe, o interesse de conviver com o pai e o desejo estabelecer vínculos com o seu irmão. A administração dessas questões passa pelo desenvolvimento de um trabalho de aprofundamento do quadro conflituoso, visando à identificação das múltiplas particularidades de cada parte. Um terceiro negociador dos interesses de Beatriz, por ser parcial, dificilmente conquistaria a confiança de seu pai, necessária para que ele apresente suas razões, manifeste seus sentimentos ou reconheça os seus erros, o que também pode ser dito em relação ao negociador dos interesses do pai de Beatriz. Já um terceiro imparcial teria melhores condições para conquistar a confiança de ambos.

A atribuição de uma resposta positiva ao quarto questionamento (*O caso demanda a intervenção de um terceiro imparcial facilitador da comunicação e da prática de concessões?*) leva o(a) advogado(a) a falsear (excluir) a negociação assistida. Ficam, assim, preservados os dois métodos autocompositivos indicados abaixo.

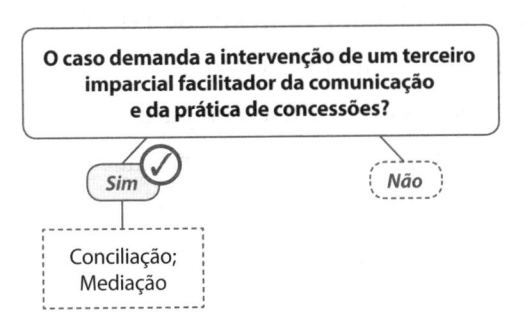

```
O caso demanda a intervenção de um terceiro
imparcial facilitador da comunicação
e da prática de concessões?
         /                    \
       Sim ✓                  Não
        |
  Conciliação;
   Mediação
```

A atribuição de resposta positiva ao quarto questionamento (*O caso demanda a intervenção de um terceiro imparcial facilitador da comunicação e da prática de concessões?*) abre espaço para o encaminhamento de novos questionamentos, que levarão o advogado a realizar mais uma operação de falseamento.

» *Quinta pergunta:* **A relação é continuada?**

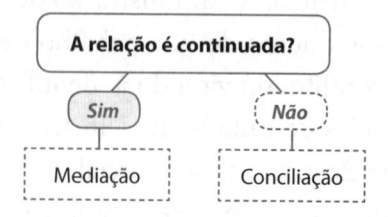

```
        A relação é continuada?
           /            \
         Sim            Não
          |              |
       Mediação      Conciliação
```

O relato de Beatriz revela que a relação é continuada por estar caracterizada: pela existência de um histórico de relação afetiva anterior ao divórcio, e pelo desejo de restabelecimento do vínculo com o pai e com o seu irmão após a superação da controvérsia. Nesses casos, além da pacificação do conflito manifesto, as partes devem desenvolver condições básicas para a preservação da convivência, prevenindo, assim, o surgimento de futuras disputas.

Conflitos inseridos no contexto de relações dessa natureza, conforme já destacado, não recomendam o emprego das técnicas de conciliação, pois são insuficientes para proporcionar a consagração de quatro objetivos inerentes à mediação: o fortalecimento do diálogo; a exploração aprofundada dos interesses em jogo; o restabelecimento do relacionamento entre as partes conflitantes; e o empoderamento delas.

A atribuição de uma resposta positiva ao quinto questionamento (*A relação é continuada?*) leva o advogado a falsear (excluir) a conciliação. Consequentemente, resta preservada a mediação: único método que sobreviveu aos testes de falseamento realizados pelo gestor do conflito.

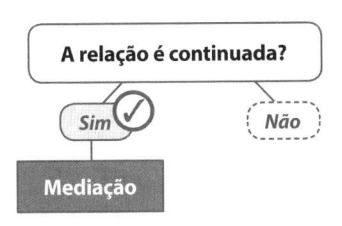

```
        A relação é continuada?
           /            \
         Sim ✓          Não
          |
       Mediação
```

Fica, assim, estabelecido que o método mais adequado para a gestão do conflito relatado por Beatriz é a *mediação*. Você poderia representar os interesses de Beatriz, como advogado(a) ou atuar como mediador(a) das partes, se capacitado(a) for para desempenhar essa função.

> → *Caso 4 – Conflito entre uma empresa de laticínios e uma empresa prestadora de serviços:* **detalhamento do percurso mental que leva o gestor de conflitos à escolha do método mais adequado para o caso concreto**

O quarto caso hipotético que será analisado versa sobre um conflito de interesses que tem como partes duas empresas: uma empresa especializada na produção de laticínios e uma empresa prestadora de serviços.

O diretor da empresa de laticínios, o Sr. Carlos, dirige-se ao seu escritório de advocacia para lhe relatar o seguinte:

O relato do Sr. Carlos:

Dr.(a), meu nome é Carlos. Sou diretor e proprietário de uma empresa especializada na produção de laticínios. Estou prestes a assinar um contrato com uma prestadora de serviços que se responsabilizará pela distribuição dos meus produtos alimentícios por todo o território nacional. O contrato que será firmado entre nós está praticamente concluído. Mas não estou seguro quanto a algumas questões, motivo pelo qual estou aqui, para buscar esclarecimentos. A empresa prestadora do serviço propôs a inclusão de uma cláusula arbitral no contrato que em breve deve ser assinado. Aceitei a sugestão, mas não temos um árbitro ou instituição especializada a indicar no momento. Uma questão que dificulta bastante esta indicação é a pluralidade de questões envolvidas no contrato. Não tenho como prever a natureza de todos os conflitos que possam surgir. Minhas dúvidas são todas relacionadas a isso, Dr(a). Em primeiro lugar, qual seria a modalidade de cláusula arbitral mais indicada para o nosso contrato? Em segundo lugar, considerando a modalidade de cláusula que será recomendada, em caso de recusa da prestadora de serviço em definir consensualmente o arbitro ou câmara que ficaria responsável pela resolução do problema, após o surgimento do conflito, o que eu devo fazer para que a arbitragem tenha início? Finalmente, em terceiro lugar, qual seria o efeito do reconhecimento da referida nulidade?"

Encerrado o relato do cliente, após realização do diagnóstico do conflito, orientado pelo fluxograma, o(a) advogado(a) estará apto(a) a promover a escolha do método mais adequado às particularidades do caso concreto.

As particularidades do conflito verbalizado pelo Sr. Carlos levam o(a) advogado(a) a realizar o percurso mental descrito a seguir.

» *Primeira pergunta:* **Há conflito?**

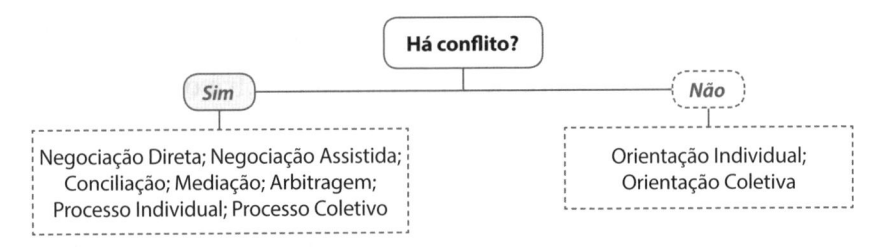

```
                    ┌─────────────┐
                    │ Há conflito?│
                    └──────┬──────┘
          ┌────────────────┴────────────────┐
        ( Sim )                           ( Não )
          │                                  │
┌─────────┴──────────────────────┐  ┌────────┴──────────────┐
│ Negociação Direta; Negociação  │  │ Orientação Individual;│
│ Assistida; Conciliação;        │  │ Orientação Coletiva   │
│ Mediação; Arbitragem;          │  └───────────────────────┘
│ Processo Individual;           │
│ Processo Coletivo              │
└────────────────────────────────┘
```

O relato do Sr. Carlos revela que o conflito não está caracterizado. A relação jurídica entre as partes sequer foi estabelecida. Ele se dirigiu ao seu escritório para buscar informações que possam lhe conferir a segurança necessária para a formalização de um contrato de prestação de serviços.

A atribuição de uma resposta negativa ao primeiro questionamento (*Há conflito?*) leva o(a) advogado(a) a falsear (excluir) os sete métodos de solução de conflitos contemplados no fluxograma, a saber: negociação direta, negociação assistida, conciliação, mediação, arbitragem, processo judicial individual e processo judicial coletivo. Ficam, assim, preservados os dois métodos indicados abaixo.

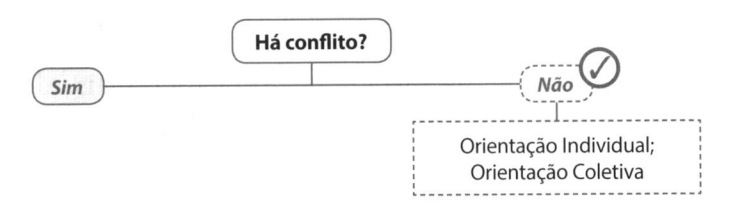

```
                    ┌─────────────┐
                    │ Há conflito?│
                    └──────┬──────┘
          ┌────────────────┴────────────────┐
        ( Sim )                           ( Não ) ✓
                                             │
                                  ┌──────────┴───────────┐
                                  │ Orientação Individual;│
                                  │ Orientação Coletiva   │
                                  └───────────────────────┘
```

» *Segunda pergunta:* **A demanda individual pode ter fundo coletivo?**

```
        A demanda individual
      pode ter fundo coletivo?
          /            \
        Sim            Não
         |              |
     Orientação     Orientação
     Coletivo       Individual
```

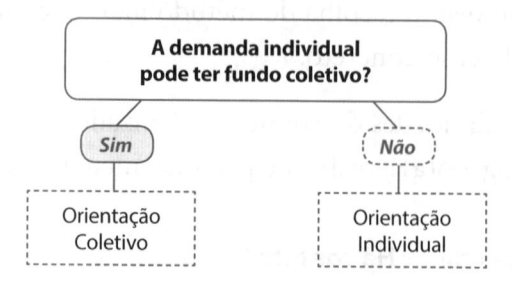

O relato do Sr. Carlos revela que o contrato que será firmado com a empresa prestadora de serviços não envolve outras partes. Isso significa que a orientação jurídica que ele busca não pode se estender a terceiros.

A atribuição de resposta negativa ao segundo questionamento (*A demanda individual pode ter fundo coletivo?*) leva o advogado a falsear (excluir) a orientação jurídica coletiva. Consequentemente, resta preservada a orientação jurídica individual: único método que sobreviveu aos testes de falseamento realizados pelo gestor do conflito.

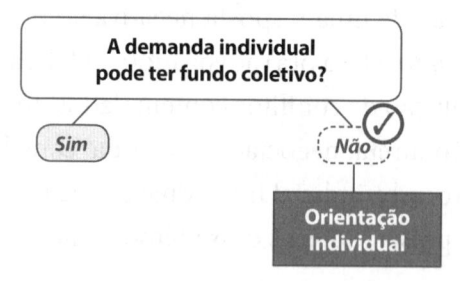

```
        A demanda individual
      pode ter fundo coletivo?
          /            \
        Sim           Não ✓
                       |
                   Orientação
                   Individual
```

Fica, assim, estabelecido que o método mais adequado para a gestão do conflito relatado pelo Sr. Carlos é a *orientação jurídica individual*.

→ **Caso 5 – Conflito entre Pedro e Alice:** *detalhamento do percurso mental que leva o gestor de conflitos à escolha do método mais adequado para o caso concreto*

O quinto caso hipotético que será analisado versa sobre um conflito de interesses que tem como partes o Sr. Pedro e a Sra. Alice, sua ex-esposa.

Movido pelo desejo de superar os transtornos decorrentes de um difícil processo de divórcio, Pedro se dirige ao seu escritório de advocacia para relatar o seguinte:

O relato de Pedro:

"Dr.(a), meu nome é Pedro. Fui casado por dez anos com Alice, com quem tive um filho, chamado Eduardo, hoje com dois anos de idade. Os primeiros anos do casamento foram ótimos, até que fui demitido do meu emprego e passamos a enfrentar grandes dificuldades financeiras. Fiquei um ano desempregado. A crise nas finanças prejudicou muito a nossa convivência, que se tornou insustentável. Passamos a discutir diariamente por motivos banais e injustificados. Convicto de que o casamento não tinha salvação, para evitar que as constantes discussões acarretassem agressões físicas ou ofensas de maior gravidade, pedi o divórcio. Desde

então, venho cumprindo todas as minhas obrigações, assumidas por ocasião do divórcio. Mas nunca mais nos falamos. Foi um divórcio tumultuado, com acusações de parte a parte, muitas delas alimentadas pelos próprios advogados que nos representaram. Desde o processo de divórcio, só nos comunicamos por intermédio da minha ex-empregada doméstica, Dona Zuleide, que ainda hoje trabalha para Alice. Funciona assim, Dr.(a): quando tenho algo a dizer a Alice, telefono para Dona Zuleide, que transmite o recado. Da mesma forma, Dona Zuleide é acionada quando Alice tem alguma coisa a me dizer. Isso é péssimo! Como dependemos sempre de terceiros para estabelecer qualquer tipo de contato, falhamos como pais e causamos prejuízos a Eduardo, em razão da nossa falta de diálogo. Não me sinto bem com isso, pois não há nada mais importante para mim do que o bem-estar do meu filho. Com o divórcio, Alice ficou com o apartamento e o carro que compramos. Deixei o casamento com as minhas roupas e alguns pertences de uso pessoal. Todo o resto ficou com Alice. Deixei tudo sem o menor arrependimento. Apesar de considerar injusto abrir mão de todo patrimônio que construímos em dez anos de muito trabalho, eu não poderia deixá-los em uma situação ruim. A questão da partilha está superada e não vejo qualquer possibilidade de reconciliação com a minha ex-esposa, mas quero fazer o possível para que Alice e Eduardo mantenham, na medida do possível, um bom padrão de vida. Afinal de contas, sempre fui um bom marido e sou completamente apaixonado pelo meu filho. Devo reconhecer que Alice também sempre foi, e ainda é uma ótima mãe. Na ocasião do divórcio, Alice ficou com a guarda de Eduardo, fato que me leva a pagar uma pensão mensal para ele, sempre no quinto dia útil do mês. Alice trabalha. Ela é engenheira de uma empresa siderúrgica, recebe uma boa remuneração mensal e tem condições de sustentar-se sozinha, motivo pelo qual pago pensão exclusivamente para Eduardo. Como disse, desde o divórcio, pago a pensão de Eduardo com regularidade, mas sempre com muita dificuldade. Quando o juiz arbitrou uma pensão, questionei ao meu advogado se não seria um valor excessivo. Ele disse que não e sequer me perguntou se eu teria condições de suportar a pensão. Com muito esforço e recorrendo às minhas economias, sempre consegui pagar a pensão, mas cheguei ao meu limite! Gastei tudo que tinha e não mais conseguirei suportar uma pensão com esse valor, considerando que recebo uma remuneração mensal não muito boa, tenho um gasto fixo com aluguel, além de despesas pessoais básicas que consomem tudo que me resta. Tentei explicar a situação para Alice, para tentar reduzir o valor da pensão. Fiz isso por intermédio da Dona Zuleide, é claro! E a resposta que tive, segundo Dona Zuleide, foi a seguinte: 'Se quiser continuar visitando o Eduardo com liberdade, cumpra suas obrigações e pague a pensão estipulada'. Segundo Dona Zuleide, Alice reconhece que a pensão alimentícia é elevada para os meus padrões, mas, mesmo assim, ela oferece resistência à redução do valor. Estou revoltado com a falta de sensibilidade dela. Não posso me endividar. Se as coisas continuarem assim, logo não conseguirei cumprir as minhas obrigações quanto ao pagamento da pensão para Eduardo. Por isso quero que o(a) Sr.(a) entre na justiça para que um juiz determine a redução imediata do valor da pensão alimentícia! Mas confesso que estou muito preocupado com tudo isso. Tenho medo de que Alice passe a criar

> *obstáculos para a realização das minhas visitas a Eduardo. Por isso estou disposto a dialogar. Só não me sinto capaz de fazer isso diretamente com ela. No divórcio, ficou definido que as visitas seriam livres, considerando que viajo a trabalho com frequência. Assim sempre fizemos, sem maiores dificuldades ou resistências da parte dela. Agora, se ela quiser me prejudicar, estabelecendo horários rígidos de visitação, provavelmente, perderei o contato com o meu filho. Não posso nem pensar nessa possibilidade. Manter o relacionamento com o meu filho é o que há de mais importante na minha vida."*

Encerrado o relato do cliente, após realização do diagnóstico do conflito, orientado pelo fluxograma, o(a) advogado(a) estará apto a promover a escolha do método mais adequado às particularidades do caso concreto.

As particularidades do conflito verbalizado por Pedro levam o(a) advogado(a) a realizar o percurso mental descrito a seguir.

» *Primeira pergunta:* **Há conflito?**

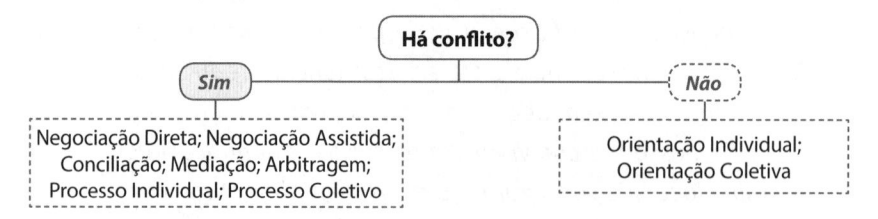

```
                    ┌─────────────┐
                    │ Há conflito? │
                    └──────┬──────┘
            ┌──────────────┴──────────────┐
          ( Sim )                       ( Não )
┌─────────────────────────────┐   ┌─────────────────────┐
│ Negociação Direta; Negociação│   │ Orientação Individual;│
│  Assistida; Conciliação;     │   │  Orientação Coletiva  │
│  Mediação; Arbitragem;       │   └─────────────────────┘
│ Processo Individual;         │
│ Processo Coletivo            │
└─────────────────────────────┘
```

O relato de Pedro revela que o conflito está caracterizado. O processo judicial de divórcio não pacificou o conflito entre Pedro e Alice, que sequer são capazes de dialogar sem a mediação da Dona Zuleide, empregada doméstica.

A atribuição de uma resposta positiva ao primeiro questionamento (*Há conflito?*) leva o(a) advogado(a) a falsear (excluir) dois métodos de prevenção de conflitos contemplados no fluxograma, a saber: a orientação individual e a orientação coletiva. Ficam, assim, preservados os métodos de solução de conflitos indicados abaixo.

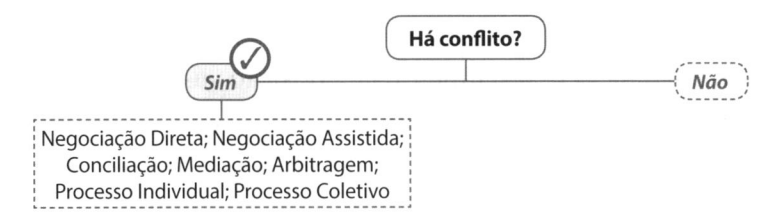

```
                    Há conflito?
        Sim ✓─────────┴─────────── Não
        │
  Negociação Direta; Negociação Assistida;
  Conciliação; Mediação; Arbitragem;
  Processo Individual; Processo Coletivo
```

» *Segunda pergunta:* **Há possibilidade de diálogo e prática de concessões?**

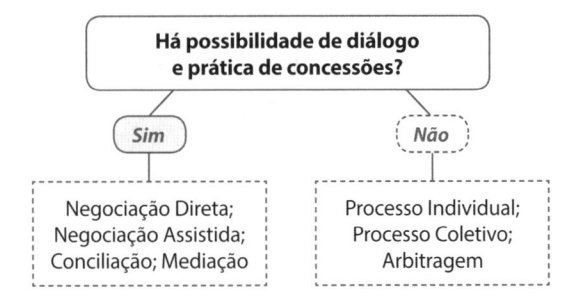

```
           Há possibilidade de diálogo
             e prática de concessões?
          Sim                      Não
           │                        │
   Negociação Direta;        Processo Individual;
   Negociação Assistida;     Processo Coletivo;
   Conciliação; Mediação     Arbitragem
```

O relato de Pedro revela que há possibilidade de diálogo e prática de concessões. A conclusão decorre da constatação de diversos fatos relatados e interesses manifestados por Pedro. As evidências são as seguintes:

- Pedro e Alice enfrentaram um processo de divórcio tumultuado em grande parte por influência dos advogados que os representaram. Apesar de não dialogar com Alice sem a mediação de Dona Zuleide, Pedro demonstra estar bastante incomodado com a situação. Ao dizer que essa situação é uma falha que pode causar prejuízos à criação de Eduardo, Pedro indica estar disposto a dialogar. A informação prestada por Dona Zuleide, de que Alice reconhece que o valor da pensão alimentícia é elevado para os padrões de Pedro, também é um sinal indicativo da possibilidade de prática de concessões.

- A redução da pensão alimentícia é posição sustentada por Pedro, mas seus principais interesses são: o bem-estar do filho; não deixá-lo em uma condição financeira ruim; adequar o valor da pensão aos seus padrões salariais; não se endividar a tal ponto que não possa mais cumprir suas obrigações como o pagamento do aluguel e da pensão alimentícia; e manter as visitações livres, considerando que viaja a trabalho com frequência. Os interesses de Pedro, quando somados ao medo de perder o convívio com seu filho, convergem para a indicação de uma autocomposição.

A atribuição de uma resposta positiva ao segundo questionamento (*Há possibilidade de diálogo e prática de concessões?*) leva o(a) advogado(a) a falsear (excluir) os três métodos heterocompositivos contemplados no fluxograma, a saber: o processo judicial individual, o processo judicial coletivo e a arbitragem. Ficam, assim, preservados os métodos autocompositivos indicados abaixo.

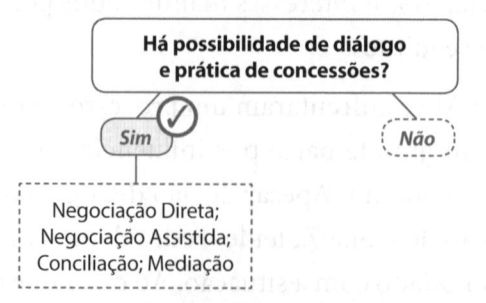

```
        Há possibilidade de diálogo
          e prática de concessões?
              ┌──┴──┐
            Sim      Não
             │
   Negociação Direta;
   Negociação Assistida;
   Conciliação; Mediação
```

» *Terceira pergunta:* **O fluxo comunicacional está fragilizado?**

```
        O fluxo comunicacional
          está fragilizado?
         /                  \
       Sim                  Não
        |                    |
  Negociação Assistida;   Negociação
  Conciliação; Mediação     Direta
```

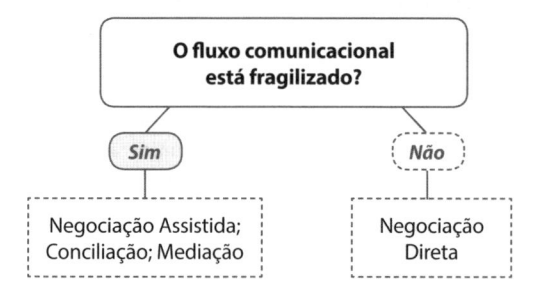

O relato de Pedro revela que o fluxo comunicacional foi fragilizado. A conclusão é uma decorrência da seguinte constatação:

- Pedro e Alice não se comunicam sem a mediação da Dona Zuleide.

A atribuição de uma resposta positiva ao terceiro questionamento (*O fluxo comunicacional está fragilizado?*) leva o(a) advogado(a) a falsear (excluir) a negociação direta. Ficam, assim, preservados os três métodos autocompositivos indicados abaixo.

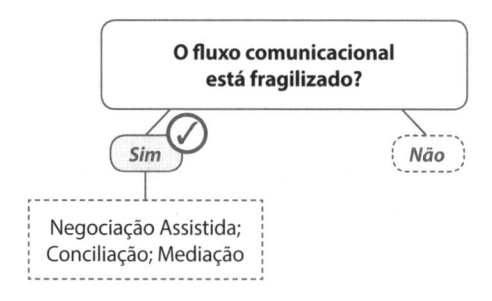

```
        O fluxo comunicacional
          está fragilizado?
         /                  \
       Sim ✓                Não
        |
  Negociação Assistida;
  Conciliação; Mediação
```

» *Quarta pergunta:* **O caso demanda a intervenção de um terceiro imparcial facilitador da comunicação e da prática de concessões?**

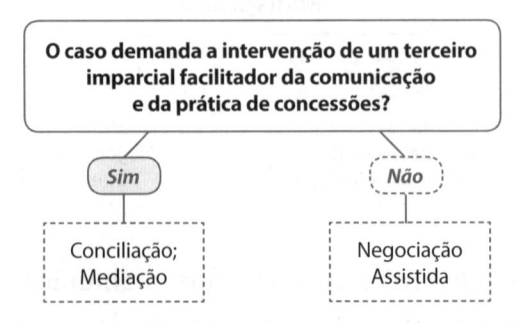

```
        ┌─────────────────────────────────────────┐
        │ O caso demanda a intervenção de um terceiro │
        │  imparcial facilitador da comunicação       │
        │       e da prática de concessões?           │
        └─────────────────────────────────────────┘
              │                              │
           ( Sim )                        ( Não )
              │                              │
     ┌──────────────┐              ┌──────────────┐
     │ Conciliação; │              │  Negociação  │
     │   Mediação   │              │   Assistida  │
     └──────────────┘              └──────────────┘
```

O relato de Pedro revela que o caso demanda a intervenção de um terceiro imparcial facilitador da comunicação e da prática de concessões, pelos seguintes motivos:

- Pedro e Alice não se comunicam. Tal fato revela que o restabelecimento do diálogo não será tarefa fácil, especialmente se considerarmos que a experiência do casal com o divórcio foi tumultuada em grande parte por influência dos advogados que os assistiram. Em situações como essa, de total ruptura das relações de diálogo, a intervenção de um terceiro imparcial facilitador do restabelecimento do diálogo se faz necessária. Esse terceiro imparcial tem autoridade para: presidir a autocomposição, decidindo a ordem de enfrentamento dos temas do conflito, segundo os critérios que lhe pareçam mais adequados às particularidades do caso concreto; zelar pelo respeito à ordem de falas entre as partes; fazer as provocações necessárias para que os interesses velados sejam manifestados e debatidos; dirigir às partes questionamentos que as levem a se colocar no lugar do outro, permitido, assim, que as razões e sentimentos de ambos sejam mais bem compreendidos. Negociadores teriam maior dificuldade para a realização dessas atribuições em decorrência da falta de imparcialidade.

- O caso em questão é qualificado pela presença de fatores de ordem subjetiva, que devem ser enfrentados e superados como condição para que os interesses de Pedro sejam satisfeitos. Dentre esses fatores, destacam-se: as mágoas de Pedro em relação à ex-esposa por oferecer resistência à redução do valor da pensão, mesmo sabendo ser incompatível com os seus padrões; o medo de que Alice passe a criar obstáculos à realização de visitas livres a Eduardo; e a frustração de Pedro quanto à condução e aos desdobramentos do processo de divórcio. A administração dessas questões passa pelo desenvolvimento de um trabalho de aprofundamento do quadro conflituoso, visando à identificação das múltiplas particularidades de cada parte. Um terceiro negociador dos interesses de Pedro, por ser parcial, dificilmente conquistaria a confiança de Alice, necessária para que ela apresente suas razões, manifeste seus sentimentos ou reconheça os seus erros. O mesmo pode ser dito em relação ao negociador dos interesses de Alice. Já um terceiro imparcial teria melhores condições para conquistar a confiança de ambos.

A atribuição de uma resposta positiva ao quarto questionamento (*O caso demanda a intervenção de um terceiro imparcial facilitador da comunicação e da prática de concessões?*) leva o(a) advogado(a) a falsear (excluir) a negociação assistida. Ficam, assim, preservados os dois métodos autocompositivos indicados abaixo.

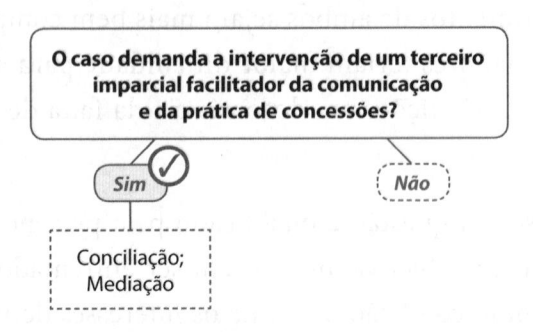

```
┌─────────────────────────────────┐
│ O caso demanda a intervenção de um terceiro │
│ imparcial facilitador da comunicação │
│     e da prática de concessões?  │
└─────────────────────────────────┘
      │                    │
    (Sim) ✓             (Não)
      │
┌──────────────┐
│ Conciliação; │
│  Mediação    │
└──────────────┘
```

A atribuição de resposta positiva ao quarto questionamento (*O caso demanda a intervenção de um terceiro imparcial facilitador da comunicação e da prática de concessões?*) abre espaço para o encaminhamento de novos questionamentos, que levarão o advogado a realizar mais uma operação de falseamento.

» *Quinta pergunta:* **A relação é continuada?**

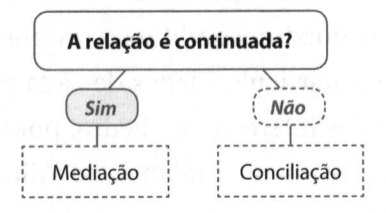

```
       ┌─────────────────────┐
       │ A relação é continuada? │
       └─────────────────────┘
            │         │
          (Sim)     (Não)
            │         │
       ┌─────────┐ ┌─────────────┐
       │ Mediação │ │ Conciliação │
       └─────────┘ └─────────────┘
```

O relato de Pedro revela que a relação é continuada por estar caracterizada: pela existência de um histórico de relação afetiva anterior ao divórcio; pelo desejo de preservação do vínculo de convivência com Eduardo; e pelo reconhecimento de que a falta de diálogo com Alice é prejudicial à criação do filho. Nesses casos, além da pacificação do conflito manifesto, as partes devem desenvolver condições básicas para a preservação da convivência, prevenindo, assim, o surgimento de futuras disputas. Conflitos inseridos no contexto de relações dessa natureza, conforme já destacado, não recomendam o emprego das técnicas de conciliação, pois são insuficientes para proporcionar a consagração de quatro objetivos inerentes à mediação: o fortalecimento do diálogo; a exploração aprofundada dos interesses em jogo; o restabelecimento da relação entre as partes conflitantes; e o empoderamento delas.

A atribuição de uma resposta positiva ao quinto questionamento (*A relação é continuada?*) leva o advogado a falsear (excluir) a conciliação. Consequentemente, resta preservada a mediação: único método que sobreviveu aos testes de falseamento realizados pelo gestor do conflito.

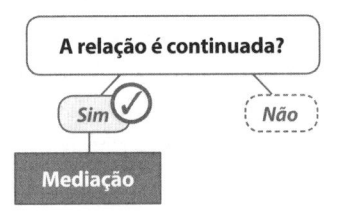

```
         A relação é continuada?
          /              \
       Sim ✓            Não
        |
     Mediação
```

Fica, então, estabelecido que o método mais adequado para a gestão do conflito relatado por Augusto é a *mediação*.

→ *Caso 6 – Conflito entre uma empresa construtora e uma empresa prestadora de serviço de fundação:* **detalhamento do percurso mental que leva o gestor de conflitos à escolha do método mais adequado para o caso concreto**

O sexto caso hipotético que será analisado versa sobre um conflito de interesses que tem como partes duas empresas: uma construtora de propriedade do Sr. Bruno e uma empresa especializada na prestação de serviços de fundação.

Movido pelo desejo de superar os transtornos decorrentes da instauração de um conflito com a empresa prestadora de serviços, o Sr. Bruno se dirige ao seu escritório de advocacia para lhe relatar o seguinte:

O relato do Sr. Bruno:

"Dr.(a), meu nome é Bruno. Sou empresário da construção civil, proprietário de uma construtora. Há alguns anos, celebrei um contrato de prestação de serviços com uma empresa especializada em fundação: elemento estrutural realizado com a finalidade de permitir que a carga de uma edificação seja suportada pelo solo, sem rupturas ou grandes deformações no terreno. O empreendimento foi construído e entregue aos proprietários. No entanto, algumas das unidades residenciais apresentam rachaduras nas paredes do edifício. Na nossa avaliação, os danos identificados decorrem de vícios de construção relativos ao serviço de fundação. A empresa contratada para a realização desse serviço diz não ter responsabilidade pelos danos, mas os meus engenheiros afirmam o contrário. Entrei em contato com o proprietário da empresa contratada, que se negou a me receber. Ele disse que não aceita dialogar, afirmando não ter responsabilidade pelos danos. Após diversas tentativas frustradas, vejo que não há possibilidade de diálogo com os representantes da empresa. O contrato contempla uma cláusula arbitral do tipo cheia, indicando a câmara de arbitragem que deveria ser acionada na hipótese de surgimento de conflitos decorrentes da interpretação ou execução do contrato de prestação de serviços. A câmara de arbitragem eleita na época tem grande tradição na administração de conflitos na

> *área da construção civil, motivo pelo qual a escolhemos. Dr.(a)., tenho que resolver essa situação, com urgência e de forma sigilosa, para que a imagem da empresa não seja prejudicada, mas não sei como agir."*

Encerrado o relato do cliente, após realização do diagnóstico do conflito, orientado pelo fluxograma, o(a) advogado(a) estará apto(a) a promover a escolha do método mais adequado às particularidades do caso concreto.

As particularidades do conflito verbalizado pelo Sr. Bruno levam o(a) advogado(a) a realizar o percurso mental descrito a seguir.

» *Primeira pergunta:* **Há conflito?**

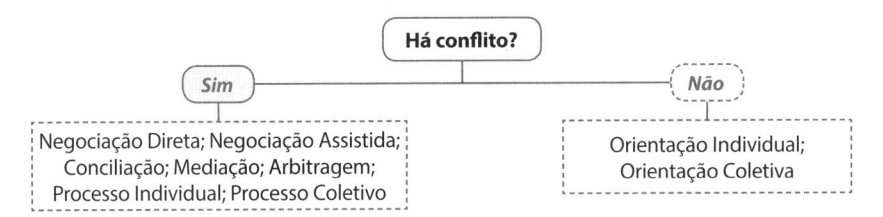

```
                    ┌─ Há conflito? ─┐
              Sim ──┘                └── Não
  ┌─────────────────────────────────┐   ┌──────────────────────┐
  │ Negociação Direta; Negociação   │   │ Orientação Individual;│
  │ Assistida; Conciliação;         │   │ Orientação Coletiva  │
  │ Mediação; Arbitragem;           │   └──────────────────────┘
  │ Processo Individual;            │
  │ Processo Coletivo               │
  └─────────────────────────────────┘
```

O relato do Sr. Bruno revela que o conflito está caracterizado em decorrência dos danos identificados nas paredes do edifício. Ficam, assim, preservados os métodos de solução de conflitos indicados abaixo.

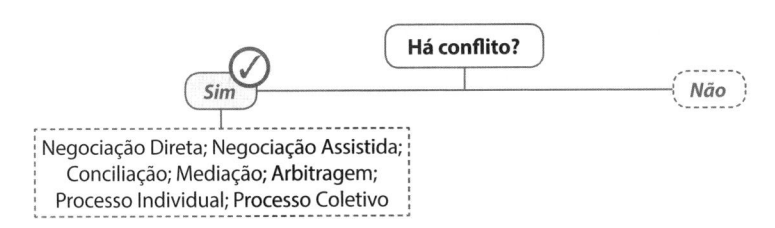

```
                    ┌─ Há conflito? ─┐
         ✓    Sim ──┘                └── Não
  ┌─────────────────────────────────┐
  │ Negociação Direta; Negociação   │
  │ Assistida; Conciliação;         │
  │ Mediação; **Arbitragem**;       │
  │ Processo Individual;            │
  │ **Processo Coletivo**           │
  └─────────────────────────────────┘
```

» *Segunda pergunta:* **Há possibilidade de diálogo e prática de concessões?**

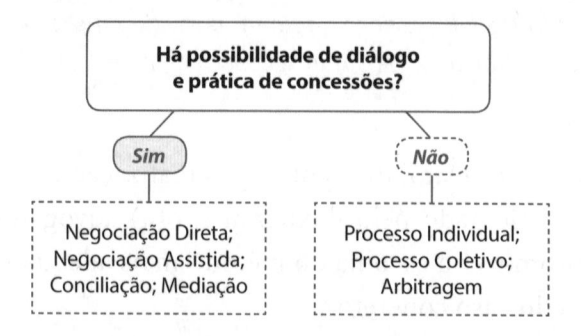

```
        ┌─────────────────────────────┐
        │   Há possibilidade de diálogo │
        │   e prática de concessões?   │
        └─────────────────────────────┘
             /                  \
          ( Sim )              ( Não )
           /                      \
┌──────────────────────┐   ┌──────────────────────┐
│ Negociação Direta;   │   │ Processo Individual; │
│ Negociação Assistida;│   │ Processo Coletivo;   │
│ Conciliação; Mediação│   │ Arbitragem           │
└──────────────────────┘   └──────────────────────┘
```

O relato do Sr. Bruno revela que não há possibilidade de diálogo e prática de concessões. A conclusão é uma decorrência das seguintes constatações:

- O Sr. Bruno tentou, por diversas vezes, dialogar com os representantes da empresa prestadora de serviços. As tentativas foram frustradas.

- Os engenheiros do Sr. Bruno afirmam que a responsabilidade pelos danos é da empresa contratada, que, por sua vez, nega ser responsável.

A atribuição de uma resposta negativa ao segundo questionamento (*Há possibilidade de diálogo e prática de concessões?*) leva o(a) advogado(a) a falsear (excluir) os quatro métodos de autocompositivos contemplados no fluxograma, a saber: negociação direta, negociação assistida, conciliação, e mediação. Ficam, portanto, preservados os métodos heterocompositivos indicados abaixo.

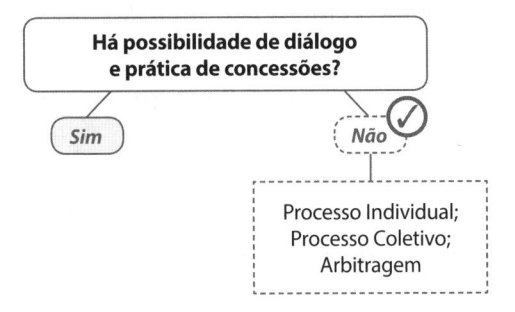

2 • Gestão adequada de conflitos na teoria e na prática

Há possibilidade de diálogo e prática de concessões?
- Sim
- Não ✓
  - Processo Individual;
  - Processo Coletivo;
  - Arbitragem

» *Terceira pergunta:* **Há convenção de arbitragem?**

Há convenção de arbitragem?
- Sim
  - Arbitragem
- Não
  - Processo Individual;
  - Processo Coletivo;

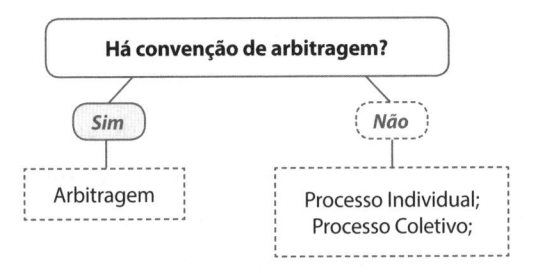

O relato do Sr. Bruno revela que o contrato firmado entre as empresas contempla uma cláusula arbitral. Isso significa que há convenção de arbitragem.

A atribuição de uma resposta positiva ao terceiro questionamento (*Há convenção de arbitragem?*) leva o(a) advogado(a) a excluir do processo de falseamento o processo judicial individual e o processo judicial coletivo. Consequentemente, resta preservada a arbitragem como único método sobrevivente aos testes de falseamento realizados pelo gestor do conflito, conforme indicado a seguir.

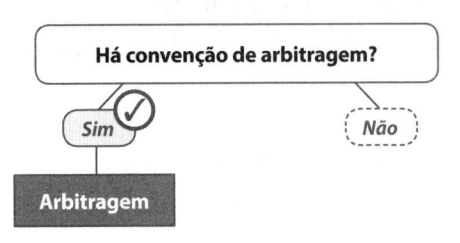

Há convenção de arbitragem?
- Sim ✓
  - **Arbitragem**
- Não

Fica, assim, estabelecido que o método mais adequado para a gestão do conflito relatado pelo Sr. Bruno é a *arbitragem*. Você poderia representar os interesses de Bruno no processo arbitral.

2.2.1.3 Execução do método adequado: terceira etapa do processo de gestão adequada de conflitos

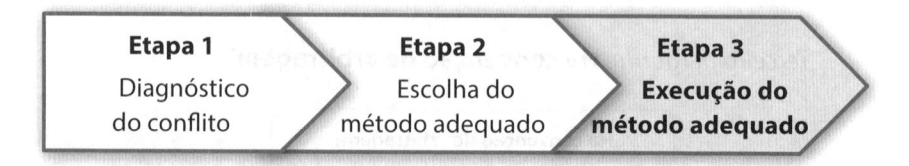

Etapa 1	Etapa 2	Etapa 3
Diagnóstico do conflito	Escolha do método adequado	**Execução do método adequado**

A terceira e última etapa do processo de gestão adequada de conflitos consiste na *execução do método adequado às particularidades do caso concreto,* considerado aquele que sobrevive aos testes de falseamento constitutivos da etapa anterior.

Compete ao gestor de conflitos justificar a escolha do método mais adequado à(s) parte(s) envolvida(s), antes de dar encaminhamento ao processo de solução do conflito.

O exercício de justificação deve ser realizado mediante exposição das principais características, objetivos visados e vantagens do encaminhamento jurídico por ele recomendado. A elucidação do papel do gestor do conflito e das partes no procedimento indicado também é recomendada. Todos esses esclarecimentos contribuirão para a tomada de decisão acerca da aplicação ou não do método indicado: deliberação que compete à(s) parte(s).

Uma vez realizados os esclarecimentos e a validação do método sugerido, o gestor do conflito poderá colocar em prática a medida adequada que, conforme visto, poderá ser: uma orientação individual ou coletiva; o ajuizamento de uma ação individual ou coletiva; a utilização da via de uma serventia extrajudicial; uma arbitragem; uma negociação direta ou assistida; uma conciliação; ou uma mediação.

3

Diretrizes para a prática da pedagogia da gestão adequada de conflitos nos cursos de Direito: Relato de experiências do autor na Faculdade de Direito de Vitória (FDV)

Para que a cultura da judicialização ceda espaço para o desenvolvimento de uma *cultura da gestão adequada de conflitos*[1] é preciso romper paradigmas. Transformações exigidas não podem ser realizadas por outra via que não seja a da educação. Ao menos como ponto de partida.

---

1. Por cultura da gestão adequada de conflitos entende-se o conjunto de comportamentos adquiridos e reproduzidos por profissionais do Direito que os leva a promover a prática de cognição, condução e resolução de situações conflituosas, mediante o emprego do método ou técnica que melhor atenda às particularidades do caso concreto.

A superação da *cultura da gestão inadequada de conflitos*, como visto, passa pela realização de uma profunda reformulação no modelo de ensino que ainda impera nos Cursos de Direito brasileiros. Um modelo centrado no uso do processo como via primária de gestão de conflitos, sem maiores preocupações com a adequação às particularidades do caso concreto que se pretende prevenir ou solucionar.

Mas, para que essa mudança de paradigma se torne efetiva, não basta que as instituições de ensino jurídico promovam "[...] a criação de disciplinas que proporcionem o surgimento da cultura da solução pacífica dos conflitos", tal como recomendado no art. 6º, V, da Resolução nº 125 do CNJ. Além da oferta de disciplinas teóricas que abordem a temática da solução pacífica de conflitos, outras medidas são necessárias para que as instituições de ensino superior se tornem aptas a formar profissionais do Direito sensíveis e preparados para a prática da gestão adequada de conflitos.

Compete às faculdades de Direito colocar em prática um conjunto de estratégias pedagógicas que proporcionem ao aluno o desenvolvimento de três competências e habilidades essenciais para um profissional do Direito no século XXI. Um gestor de conflitos deve saber: *a)* interpretar ou diagnosticar as particularidades de um quadro conflituoso; *b)* escolher o método de prevenção e resolução de conflitos que melhor atenda às particularidades do caso concreto; *c)* aplicar tecnicamente os diferentes métodos e técnicas de gestão de conflitos disponíveis aos profissionais do Direito, tais como o processo judicial (individual e coletivo), a orientação jurídica, a arbitragem, a negociação assistida, a conciliação e a mediação.

Ao processo de desenvolvimento dessas competências e habilidades, essenciais para o exercício da atividade sequenciada de cognição, condução e resolução de situações conflituosas, promovidas mediante o emprego do método ou técnica que melhor atenda às particularidades do caso concreto, denominamos *pedagogia da gestão adequada de conflitos*.

O exercício da pedagogia da gestão adequada de conflitos no âmbito da prática jurídica é um desafio que exige das instituições de ensino superior de Direito a realização de uma profunda reformulação no modo de ver o aluno. O discente deve passar a ser tratado como um futuro gestor de conflitos e não como um futuro operador do processo judicial.

Enquanto essa mudança de tratamento não for concretizada, o modelo de ensino predominante nos Cursos de Direito estará fadado a forjar profissionais que restringem suas práticas ao percurso de uma trilha processual. Profissionais que recorrem ao processo judicial mesmo quando a receita processual judicial se revela inadequada à natureza e às particularidades do conflito que o jurisdicionado deseja superar. Profissionais que não se atrevem a explorar outras vias de efetivação do direito fundamental de acesso à justiça por falta de ousadia ou por medo do desconhecido.

Essas conclusões resultam de um acumulado de experiências do autor em quinze anos de exercício da docência sobre métodos plurais de prevenção e resolução de conflitos, somado à vivência de doze anos de atuação na coordenação do Curso de Direito da Faculdade de Direito de Vitória (FDV). Experiências que serão compartilhadas a seguir, com absoluta transparência e com o espírito acadêmico que nos levará a socializar não só os acertos verificados, como também os erros cometidos nessa desafiadora jornada.[2]

---

2. A trajetória docente do autor na FDV foi iniciada no mês de fevereiro de 2004, como um desdobramento da Pesquisa de Iniciação Científica, intitulada *A mediação como forma alternativa na condução e resolução de conflitos familiares*, desenvolvida na FDV, no período compreendido entre os anos de 2002 e 2003. A referida pesquisa alterou o currículo do Curso de Direito da instituição, que passou a incorporar,

3.1 A IMPORTÂNCIA DA TEORIA E DA PRÁTICA DA GESTÃO ADEQUADA DE CONFLITOS NOS CURSOS DE DIREITO

A FDV foi uma das primeiras instituições de ensino do Brasil a implementar a prática da mediação em seu Núcleo de Prática Jurídica (NPJ/FDV), como alternativa aos demais métodos de gestão de conflitos oferecidos aos seus assistidos, a saber: o processo judicial, a conciliação, a negociação e a orientação jurídica. O Subnúcleo de Mediação Familiar do NPJ/FDV foi criado no mês de fevereiro de 2004, tornando-se uma opção para alunos de nono e décimo períodos matriculados nas disciplinas Prática Jurídica Real I e II.

No ano de 2006, por força de uma alteração na matriz curricular do Curso de Direito da instituição, uma disciplina curricular obrigatória, intitulada Conflitos e suas Soluções, foi criada para que alunos iniciantes, já no segundo período do curso, pudessem compreender os limites, as possibilidades e as hipóteses de recomendação da aplicação de métodos alternativos ao processo judicial (negociação, conciliação, mediação e arbitragem), no âmbito da prática jurídica. A FDV foi mais uma vez pioneira ao ofertar essa disciplina, em caráter obrigatório, para o corpo discente da instituição. Uma disciplina que ainda é considerada estratégica no contexto de uma política institucional de prestígio à teoria e à prática da *gestão adequada de conflitos*.

---

no primeiro semestre de 2004, a prática da mediação de conflitos familiares em seu Núcleo de Prática Jurídica (NPJ/FDV). O Subnúcleo de Mediação Familiar do NPJ/FDV foi idealizado e coordenado pelo autor, que também foi responsável pela idealização, no ano de 2006, de uma disciplina curricular obrigatória dedicada ao estudo da teoria e prática simulada da negociação, da conciliação, da arbitragem e da mediação. A referida disciplina, intitulada Conflitos e suas Soluções, ainda hoje é ministrada pelo autor.

A disciplina Conflitos e suas Soluções foi concebida pelo autor, para dar cumprimento aos seguintes *objetivos de aprendizagem*:

OBJETIVOS DE APRENDIZAGEM
• contextualizar o processo de consolidação dos Tribunais Multiportas no Brasil;
• compreender a importância da gestão adequada de conflitos no âmbito da prática jurídica;
• conhecer as três etapas do processo de gestão adequada de conflitos;
• desenvolver conceitos, ideias e reflexões necessárias para o exercício da tarefa de interpretação/diagnóstico de conflitos;
• conhecer gêneros de condução e resolução de conflitos postos à disposição da sociedade como vias de administração de conflitos;
• interpretar o vocábulo justiça à luz de dois prismas fundamentais: o sentido material e o formal;
• identificar os obstáculos econômicos, organizacionais e processuais à efetivação do direito fundamental de acesso à justiça, bem como as medidas efetivadas em prol da amenização desses problemas (em referência às ondas do movimento universal de acesso à justiça);
• interpretar as principais carências, ambiguidades e paradoxos identificados no tradicional processo de condução e resolução de conflitos no Brasil;
• compreender os motivos pelos quais a amenização dos obstáculos à efetivação do direito fundamental de acesso à justiça pressupõe o envolvimento dos acadêmicos e profissionais do direito, além das políticas de reformas processuais e de difusão de métodos alternativos ao processo;

OBJETIVOS DE APRENDIZAGEM

- conhecer o processo de surgimento dos chamados "Métodos Alternativos de Condução e Resolução de Conflitos", contextualizados na terceira onda do movimento universal de acesso à justiça;

- analisar o processo evolutivo da prática dos métodos alternativos de condução e resolução de conflitos – pano internacional e nacional;

- compreender particularidades dos principais métodos alternativos de condução e resolução de conflitos (conciliação, negociação e arbitragem): conceitos, princípios característicos, propósitos, elementos de composição, indicação, vantagens e desvantagens em relação ao processo judicial, técnicas e tratamento legal;

- desenvolver habilidades de aplicação de técnicas de negociação, conciliação e arbitragem;

- compreender a importância (para o profissional do Direito) do domínio e aplicação de técnicas de negociação, conciliação e arbitragem;

- identificar os benefícios proporcionados aos profissionais do Direito com a aplicação das técnicas de negociação, conciliação e arbitragem;

- desenvolver noções teóricas sobre o instituto da mediação: conceito, princípios característicos, propósitos, elementos de composição, indicação, vantagens e desvantagens;

- conhecer o tratamento legal conferido à prática da mediação nacional;

- desenvolver habilidades de aplicação de técnicas de mediação.

A consagração dos objetivos acima mencionados passa pelo estudo de conteúdos programáticos descritos a seguir:

CONTEÚDO PROGRAMÁTICO	
UNIDADE I – Gestão adequada de conflitos na teoria e na prática	Políticas públicas de gestão adequada de conflitos: Contextualização de uma tendência nacional; O modelo norte-americano dos Tribunais Multiportas aplicado à realidade brasileira; Etapas do processo de gestão adequada de conflitos de interesses: Noções conceituais; Dinâmica e interpretação; Constituição, esquema e estrutura; Dinâmica e constituição; Modalidades; Causas principais; O comportamento das partes em conflito. A influência dos aspectos psicológicos na prática jurídica: o que a demanda vela e revela; Processo histórico-evolutivo dos gêneros de condução e resolução de conflitos: Autotutela; Autocomposição; Heterocomposição.
UNIDADE II – Acesso à justiça	Noções sobre o conteúdo do direito fundamental de acesso à justiça. O conceito de justiça à luz de dois prismas fundamentais: material e formal. Movimento universal de acesso à justiça. Obstáculos à efetivação.
UNIDADE III – Métodos alternativos de resolução de conflitos: arbitragem, negociação, conciliação e mediação	Conceito, evolução histórica, princípios, propósitos, panorama nacional e internacional, indicações/vantagens e desvantagens. Principais métodos alternativos de condução e resolução de conflitos (classificação); Negociação: Conceito; Características; Semelhanças e diferenças entre a negociação e os demais métodos alternativos de condução e resolução de conflitos estudados; Perfil do negociador: atributos

CONTEÚDO PROGRAMÁTICO	
	e atuação; Técnicas de negociação; Negociação na advocacia – modelos e estratégias para advogados negociadores; Aspectos práticos sobre a negociação.
	Conciliação: Conceito; Semelhanças e diferenças em relação aos demais métodos; Perfil do conciliador – atributos e atuação; Características; Vantagens e desvantagens em relação aos demais métodos; Modalidades.
	Arbitragem: Conceito; Semelhanças e diferenças em relação aos demais métodos; Perfil do Árbitro – atributos e atuação; Características à luz da Lei nº 9.307, de 23 de setembro de 1996; Modalidades; Semelhanças e diferenças em relação aos demais métodos; Constitucionalidade.
	Mediação: Origem histórica; Conceito; Perfil do mediador – formação e capacitação, atributos e atuação; Princípios característicos; Objetivos; Elementos fundamentais; Vantagens e desvantagens em relação aos demais métodos; Regulamentação; A prática da mediação – etapas do processo mediador.

No ano de 2008, o projeto de ensino pautado na articulação da teoria à prática da mediação e outros métodos alternativos ao processo judicial, idealizado e desenvolvido na FDV sob a nossa coordenação, foi laureado com o segundo lugar no II Prêmio Roberto Lyra Filho de Ensino do Direito, atribuído pela Associação Brasileira de Ensino do Direito (Abedi) às melhores ações estratégicas de acesso à justiça desenvolvidas por instituições de ensino em Direito. A experiência premiada foi relatada em artigo intitulado *Acesso à justiça e mediação de conflitos: o relato de uma ação estratégica desenvolvida no Núcleo de Prática Jurídica da Faculdade de Direito de Vitória*, apresentado no V Congresso da Abedi, realizado nos dias 17 a 19 de abril de 2008, na cidade de Belém/PA.

O reconhecimento nacional foi festejado, como não poderia deixar de ser. Mas, logo na sequência, constatou-se que a criação de um Subnúcleo de Mediação no NPJ/FDV foi um *erro histórico*, hoje cometido por muitos Cursos de Direito que inauguram suas experiências com o ensino da mediação, impulsionados por um conjunto de medidas estatais de incentivo à prática mediadora no Brasil.[3]

O equívoco constatado com o amadurecimento dos processos de ensino e aprendizagem de métodos alternativos ao processo judicial, no âmbito do Curso de Direito da FDV, pode ser resumido em três aspectos: *a)* o problema da fragmentação do modelo de ensino que até então imperava no NPJ/FDV; *b)* o problema

---

3. São três as principais medidas estatais instituídas com o manifesto propósito de efetivação da mediação como via de acesso à justiça no Brasil. A primeira delas foi criada no âmbito do Poder Judiciário pelo Conselho Nacional de Justiça (CNJ), com o advento da *Resolução nº 125 do Conselho Nacional de Justiça*, de 29 de novembro de 2010, que dispõe sobre a *Política Judiciária Nacional de Tratamento Adequado dos Conflitos de Interesses no Âmbito do Poder Judiciário*. Trata-se da principal política judiciaria nacional já instituída com o objetivo de fomentar a difusão da prática da mediação, uma política paradigmática que serviu de inspiração para o desenvolvimento de duas importantes medidas legislativas: o Novo Código de Processo Civil Brasileiro (Lei nº 13.105, de 16 de março de 2015) e a Lei de Mediação (Lei nº 13.140, de 26 de junho de 2015). Ambas dispõem sobre a prática da mediação como meio de solução de controvérsias, nos âmbitos judicial e extrajudicial, versando, ainda, sobre a autocomposição no âmbito da Administração Pública.

da dificuldade de avaliação da correta utilização do fluxograma, por alunos do NPJ/FDV; e *c)* o problema da dispersão temática, resultante do lapso temporal de seis semestres que separavam a disciplina Conflitos e suas Soluções da Prática Jurídica Real no NPJ/FDV, que era preenchido pelo estudo do processo civil, penal, trabalhista e tributário.

O processo de superação desses dois entraves ao desenvolvimento de uma pedagogia da gestão adequada de conflitos foi pautado pela tomada de duas medidas estruturais, que serão expostas no tópico seguinte.

3.2. ALTERAÇÕES METODOLÓGICAS QUE PODEM TORNAR A GESTÃO DE CONFLITOS UM TEMA TRANSVERSAL

A gestão adequada de conflitos tornou-se um tema transversal na matiz curricular do Curso de Direito da FDV, a partir da superação dos problemas acima mencionados: *a)* o problema da fragmentação do modelo de ensino que até então imperava no NPJ/FDV; *b)* o problema da dificuldade de avaliação da correta utilização do fluxograma, por alunos do NPJ/FDV; e *c)* o problema da dispersão temática, resultante do lapso temporal de seis semestres que separavam a disciplina Conflitos e Suas Soluções da Prática Jurídica Real no NPJ/FDV, que era preenchido pelo estudo do processo civil, penal, trabalhista e tributário.

O processo de superação desses entraves, que viabilizou a estruturação do projeto da Pedagogia da Gestão Adequada de Conflitos no âmbito do Curso de Direito da FDV, será exposto a seguir.

> **Como o problema da fragmentação do modelo de ensino foi superado no NPJ/FDV?**

O processo de superação do problema da fragmentação do modelo de ensino, que até então imperava no NPJ/FDV, foi inaugurado no ano de 2009, quando se decidiu que o Subnúcleo de Mediação do NPJ/FDV deveria ser extinto para que a prática da mediação passasse a ser realizada por todos os alunos do NPJ/FDV, de forma mais ampla.

Apesar de cumprir satisfatoriamente a função de capacitação de um grupo de alunos para a prática da mediação, o Subnúcleo de Mediação Familiar do NPJ/FDV revelou-se ineficaz em um aspecto determinante. O elemento motivador da sua extinção está relacionado com a fragmentação da prática jurídica na instituição.

De um lado, uma pequena parcela de alunos, vinculados ao Subnúcleo em questão, dedicavam-se exclusivamente à prática da mediação familiar, sem que tivessem contato com o exercício de outros importantes métodos de gestão de conflitos, como o processo judicial, a conciliação, a negociação e a orientação jurídica. De outro lado, a maior parcela dos alunos, vinculados aos demais Subnúcleos do NPJ/FDV, dedicavam-se basicamente à prática do processo judicial, sem experimentar a prática mediadora.

No ano de 2016, a ruptura do modelo de setorização da prática jurídica em Subnúcleos foi ampliada para as demais áreas de atendimento do NPJ/FDV (cível, consumidor, trabalhista e previdenciária), para que os alunos pudessem vivenciar a experiência da prática jurídica em diferentes áreas do conhecimento, mediante o emprego de métodos plurais de prevenção e resolução de conflitos. No mesmo ano, o ingresso dos alunos no NPJ/FDV foi antecipado e ampliado, com a oferta das disciplinas Prática Jurídica Real I, II, III, IV e V, do sexto ao décimo período do Curso de Direito.

Com a ruptura geral e irrestrita dos Subnúcleos do NPJ/FDV, tornou-se indispensável a adoção de critérios racionais e objetivos orientadores do aluno no exercício da segunda etapa do processo de gestão adequada de conflitos, a saber: a escolha do método de prevenção e resolução de conflitos que melhor atenda às particularidades do caso concreto. Foi quando o fluxograma que acompanha o APÊNDICE deste livro passou a ser utilizado, por alunos e professores do NPJ/FDV, na disciplina Prática Jurídica Real.

No contexto da disciplina Conflitos e suas Soluções, o fluxograma passou a ser utilizado, no ano de 2015, para instrumentalizar o desenvolvimento de atividades práticas voltadas para a identificação do método mais adequado para a prevenção ou resolução de conflitos retratados em casos hipotéticos apresentados aos alunos. As referidas atividades são desenvolvidas a partir de um conjunto de relatos fictícios de pessoas em situação de conflito, como os que foram explorados no item 2.2.1.2.4 da presente obra, intitulado *O passo a passo do processo de escolha do método adequado, exemplificado em casos hipotéticos.*

Os referidos casos hipotéticos são utilizados como material de base para o desenvolvimento de atividades práticas que objetivam levar o aluno a exercitar as duas primeiras etapas do processo de gestão adequada de conflitos: o diagnóstico e a escolha do método adequado.

Os relatos fictícios se desenvolvem a partir da relação que se estabelece entre cliente e advogado, no primeiro encontro realizado entre eles, em um escritório de advocacia, oportunidade na qual são verbalizados os primeiros contornos do conflito. No desenvolvimento dessas atividades, os alunos colocam-se na condição de advogados gestores de conflitos, tal como ilustrado no item 2.2.1.2.4 da presente obra.

Além do trabalho com casos hipotéticos, contribui para o exercício das duas primeiras etapas do processo de gestão adequada de conflitos, a abertura de oportunidades para que os alunos matriculados na disciplina Conflitos e suas Soluções, em duplas, acompanhem atendimentos iniciais a assistidos, realizados por alunos vinculados ao NPJ/FDV, na condição de observadores.

As experiências decorrentes dessas intervenções são posteriormente relatadas e debatidas em sala de aula, oportunidades nas quais as percepções dos alunos observadores são socializadas, especialmente as conclusões sobre o diagnóstico do conflito e a adequação do método escolhido às particularidades do caso concreto observado. Além de proporcionar um aprendizado importante para alunos da disciplina Conflitos e suas Soluções, esse exercício de intervenção e socialização de experiência permite ao professor da referida disciplina avaliar se os discentes souberam bem interpretar o conflito relatado e escolher o método que melhor atende às suas particularidades.

» **Como o problema da dificuldade de avaliação da correta utilização do fluxograma por alunos do NPJ/FDV foi superado?**

O problema da dificuldade de avaliação da correta utilização do fluxograma por alunos do NPJ/FDV foi superado com a criação de um sistema digital.

Conforme já mencionado, é a partir do 6º período que os alunos do Curso de Direito da FDV são desafiados aplicar os conhecimentos sobre a gestão adequada de conflitos no Núcleo de Prática Jurídica da FDV (NPJ/FDV).

No âmbito da prática jurídica realizada no NPJ/FDV, o exercício da etapa de escolha do método adequado é realizado mediante a aplicação dos critérios racionais e objetivos dispostos na forma de fluxograma (APÊNDICE), desde o primeiro semestre do ano de 2015.

Ainda que os professores forneçam orientação antes e depois dos atendimentos realizados pelos discentes, não é possível acompanhar, presencialmente, cada um dos encontros com os assistidos. O avaliador fica, assim, impossibilitado de atestar se o percurso mental realizado pelo aluno, no uso do fluxograma, para efeito de escolha do método mais adequado, condiz com as particularidades do caso concreto diagnosticado.

Em outras palavras, por não acompanhar todos os atendimentos realizados, o professor não pode avaliar se a resposta dada pelo aluno a um determinado questionamento foi correta.

Para exemplificar, suponhamos que, durante a realização do diagnóstico de um conflito que envolve um casal em processo de divórcio, os alunos constatem:

- Que há conflito.

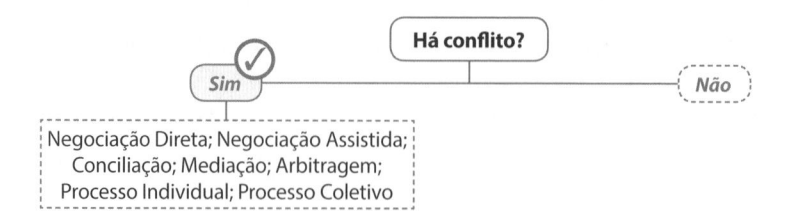

Há conflito?
- Sim
  - Negociação Direta; Negociação Assistida; Conciliação; Mediação; Arbitragem; Processo Individual; Processo Coletivo
- Não

- Que há possibilidade de diálogo e prática de concessões.

```
        Há possibilidade de diálogo
         e prática de concessões?
         ┌────┴────┐
        Sim ✓      Não
         │
   Negociação Direta;
   Negociação Assistida;
   Conciliação; Mediação
```

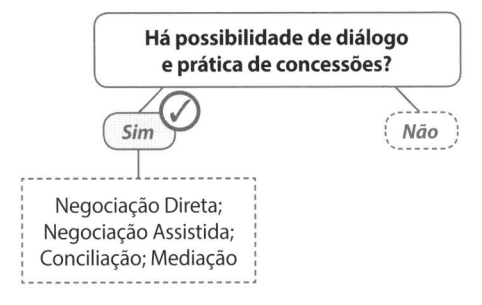

- Que o fluxo comunicacional entre as partes está fragilizado.

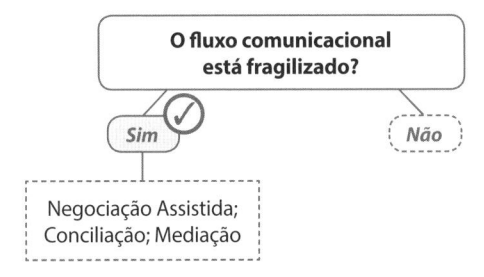

```
       O fluxo comunicacional
         está fragilizado?
         ┌────┴────┐
        Sim ✓      Não
         │
   Negociação Assistida;
   Conciliação; Mediação
```

- Que o caso demanda a intervenção de um terceiro imparcial facilitador da comunicação e da prática de concessões.

```
   O caso demanda a intervenção de um terceiro
      imparcial facilitador da comunicação
         e da prática de concessões?
         ┌────┴────┐
        Sim ✓      Não
         │
      Conciliação;
       Mediação
```

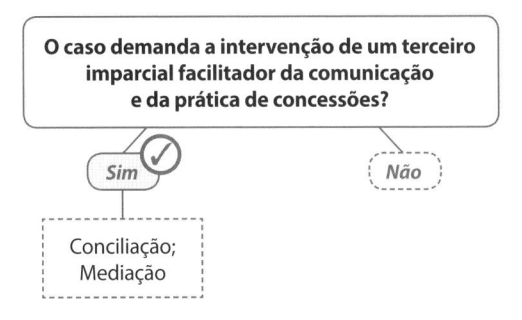

A atribuição de uma resposta positiva ao referido questionamento remete os alunos ao enfrentamento da pergunta final, que determinará a escolha do método adequado ao conflito relatado pelo assistido, qual seja: *A relação é continuada?*

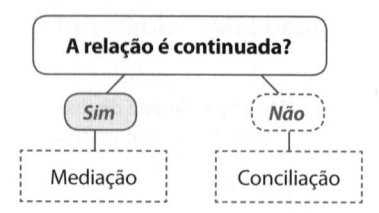

```
        A relação é continuada?
         /              \
       Sim              Não
        |                |
     Mediação        Conciliação
```

A atribuição de uma resposta positiva determinaria o uso da mediação. Uma resposta negativa levaria os alunos responsáveis pelo atendimento a concluir pelo uso da conciliação.

Suponhamos que, durante a realização do atendimento ao assistido, no exercício do diagnóstico do conflito, os alunos tenham constatado que as partes são pais de um filho menor de idade. O dado constatado deveria indicar que tão ou mais importante do que a definição dos termos do divórcio (partilha de bens, guarda, alimentos e regulamentação das visitas) seria a realização de um trabalho transformativo que os levasse a explorar de forma aprofundada os interesses em jogo, a fortalecer o diálogo fragilizado e a restabelecer o vínculo de convivência pacífica entre as partes, como condições para que a relação continuada entre pais e filho fosse preservada e fortalecida. Condições essas que estão alinhadas com os objetivos da mediação.

No caso exemplificado, os alunos deveriam responder, portanto, que a relação é continuada.

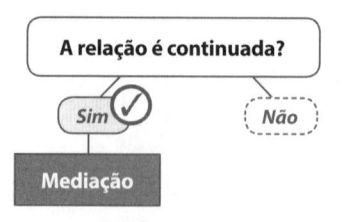

```
        A relação é continuada?
         /              \
       Sim ✓            Não
        |
     Mediação
```

Ocorre que, de forma equivocada, os alunos atribuem resposta negativa ao questionamento.

```
   ┌─────────────────────────┐
   │  A relação é continuada? │
   └─────────────────────────┘
        ╱             ╲
    ( Sim )         ( Não ✓ )
                        │
                  ┌───────────┐
                  │Conciliação│
                  └───────────┘
```

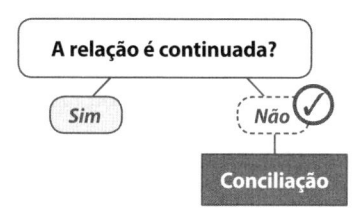

No caso exemplificado, por não ter acompanhado o atendimento ao assistido, restaria ao professor presumir que o percurso mental realizado pelos alunos foi correto, quando, na realidade, não foi. O processo de avaliação da correta utilização do fluxograma ficaria, assim, prejudicado.

Para corrigir o equívoco dos alunos e recomendar a aplicação do método mais adequado às particularidades do caso concreto (a mediação), o professor deveria ter acompanhado o atendimento (e não acompanhou) ou obter dos discentes algum relato ou registro das justificativas apresentadas para cada pergunta do fluxograma.

Para solucionar esse problema, foi desenvolvido, pelo professor Bruno Costa Teixeira, no segundo semestre do ano de 2015, um sistema digital que confere registro (em relatórios responsivos) aos elementos necessários para o acompanhamento e avaliação do percurso mental realizado por alunos nas duas primeiras etapas do processo de gestão adequada de conflitos (o *diagnóstico do conflito* e a *escolha do método adequado*).

O sistema digital cumpre o papel já desempenhado pelo fluxograma, que é reproduzido integralmente, em todos os seus critérios e métodos. E, para além disso, subsidia a avaliação, por parte dos professores, do percurso mental realizado pelos alunos, durante ou logo após o atendimento ao assistido, para afeito de escolha do método adequado para resolver os conflitos.

A ferramenta é composta 22 quadros possíveis, com questionamentos a serem enfrentados pelos estudantes. Os mesmos questionamentos que integram o fluxograma (APÊNDICE).

À medida que os alunos respondem a cada pergunta, as telas seguintes passam a revelar o método adequado à demanda. Sem a apresentação da justificativa da resposta atribuída ao primeiro questionamento (*Há conflito?*), o aluno não é autorizado a avançar e, assim, a responder aos questionamentos subsequentes.

A solução desenvolvida para o Núcleo de Prática Jurídica da FDV tem suporte principal nos aplicativos do *Google Drive – https://drive.google.com/*. O *formulário auxiliar*, por exemplo, foi construído por meio da ferramenta *Google Forms – https://forms.google.com/*.

Já a estrutura visual, que serve como modelo para os *relatórios individuais de atendimento*, foi desenhada no *Google Docs - https://docs.google.com/*.

Por sua vez, o banco de dados é gerenciado em uma planilha *on-line*, no formato *Google Sheets - https://sheets.google.com/*, e sofre atualização automática sempre que novos formulários são preenchidos pelas duplas de estudantes.

Finalmente, o processo de transformação dos formulários em relatórios individuais de atendimento foi projetado com um código de programação específico para o projeto. Dessa forma, além da utilização de ferramentas disponíveis pela empresa Google, aplicou-se uma solução tecnológica própria, que serve à integração entre as primeiras.

Em resumo, o código de programação determina, automaticamente: *a)* o transporte das informações inseridas no formulário auxiliar para uma planilha que, ao seu turno, serve como local de registro estruturado – *Google Forms* → *Google Sheets*; *b)* a transformação das informações inseridas no formulário em um relatório de atendimento, automaticamente publicado no formato *Adobe Acrobat* (.pdf) – *Google Forms* → *Google Docs*; *c)* a conversão entre os formatos do arquivo do relatório individual de atendimento – *Google Docs* → *Adobe Acrobat* (.pdf); *d)* o arquivamento dos relatórios em pastas digitais, compartilhadas por alunos e professores – *Google Drive*.

O sistema digital tornou-se, assim, uma importante ferramenta para o desenvolvimento da prática da gestão adequada de conflitos no NPJ/FDV. Dentre as funcionalidades e benefícios por ele proporcionados, destacamos a sua capacidade de cumprir o papel já desempenhado pelo fluxograma, de orientação ao aluno para a escolha do método de prevenção ou resolução de conflitos que melhor atenda às particularidades do caso concreto relatado pelo assistido.

Por exigir que os alunos justifiquem as respostas atribuídas a cada pergunta eliminatória formulada no fluxograma, como condição para o prosseguimento da sequência de questionamentos que os levarão à identificação do método adequado, o sistema digital confere registro às particularidades das demandas.

O formulário responsivo, gerado ao final do atendimento com o conteúdo das justificativas das respostas apresentadas pelos estudantes, permite que os professores avaliem, a partir da leitura das informações registradas, se o percurso mental dos alunos foi correto, ou seja: se o método escolhido é, de fato, o mais adequado às particularidades do caso concreto.

Em síntese, o formulário responsivo integra um processo mais amplo de gestão adequada de conflitos, promovido no NPJ/FDV, podendo de ser dividido em cinco etapas: *a)* atendimento ao assistido, para a realização do diagnóstico do conflito;

b) preenchimento do formulário, para realização da escolha do método adequado; *c)* registro dos dados do cliente e de todas as informações relacionadas com a demanda e à justificação do método escolhido; *d)* produção do relatório de atendimento, para as subsequentes avaliação e validação do método escolhido, por parte do professor advogado; *e)* execução, por parte dos alunos envolvidos, do método adequado de resolução de conflitos.

O registro de todas as informações dos atendimentos, em um banco de dados estruturado, tornou possíveis: *a)* a filtragem de dados dos atendimentos realizados no NPJ/FDV, por ano ou período letivo, por período cursado pelos alunos, por área do conhecimento jurídico, com base nas duplas de alunos; *b)* a montagem e a análise comparativa dos dados relacionados com as espécies de conflitos mais aplicadas, assim como da variação desses padrões quantitativos, ao longo dos semestres; *c)* a constante avaliação, também a partir dos dados gerados pelo sistema, das formas de solução de conflito que o NPJ/FDV tem conferido às demandas trazidas pelos assistidos.

A título de exemplificação do processo de progressão do sistema digital, recorreremos novamente ao caso de número três, utilizado no item 2.2.1.2.4 da presente obra, intitulado: *O passo a passo do processo de escolha do método adequado, exemplificado em casos hipotéticos.*

O caso em questão versa sobre um conflito de interesses que tem como partes uma jovem chamada Beatriz e seu pai, acusado da prática de abandono afetivo.

O relato fictício que será explorado na sequência se desenvolve a partir da relação que se estabelece entre Beatriz e os alunos responsáveis pela realização do seu primeiro atendimento, no NPJ/FDV.

Objetivamos, com o resgate desse caso, proporcionar ao leitor uma melhor compreensão sobre a arquitetura e a forma de operacionalização do sistema digital. Para que o leitor melhor visualize a estética do sistema, faremos uso de recortes das perguntas do fluxograma que são lançadas, acompanhadas das justificativas registradas pelos alunos no caso exemplificado: o conflito verbalizado por Beatriz.

Movida pelo desejo de superar os transtornos decorrentes da omissão do seu pai, que teria lhe negado o direito ao convívio e à prestação de assistência afetiva e psíquica, a partir do momento em que se divorciou de sua mãe (prática conhecida como abandono afetivo), Beatriz se dirige ao NPJ/FDV para relatar aos alunos responsáveis pelo atendimento o seguinte:

> **O relato de Beatriz:**
>
> *"Meu nome é Beatriz. Meus pais se divorciaram quando eu tinha dez anos de idade. Apesar de bastante nova naquela época, mantenho na memória a lembrança das brigas e trocas de acusações que motivaram a separação dos dois. Dez anos se passaram e ainda hoje sofro com a falta de convivência com o meu pai. Ele sempre cumpriu com a obrigação judicialmente estabelecida quanto ao pagamento de uma pensão alimentícia em meu benefício. Hoje quem **paga** a minha faculdade ainda é o meu pai. Não posso **reclamar** da assistência material prestada por ele. O problema sempre foi a falta de assistência psíquica e afetiva, decorrente da total*

ausência de convívio após o divórcio. Nesses dez anos de afastamento, quase não nos falamos e poucas vezes nos encontramos. Minha mãe sempre disse que melhor seria se eu esquecesse o meu pai. Ela o acusa até hoje de ter abandonado a família para se dedicar a um relacionamento extraconjugal. Algumas pessoas da minha família já me disseram que meu pai até tentou manter um vínculo de convivência comigo, por diversas vezes, mas não obteve sucesso. Minha mãe nega a informação, mas acredito que seja verdade. Essas tentativas de contato teriam sido frustradas por culpa da minha mãe que, por não aceitar o divórcio, jamais permitiu que as visitações ocorressem conforme estabelecido judicialmente. Segundo alegaram alguns familiares, as visitações semanais tornaram-se insustentáveis a tal ponto que jamais se repetiram. Dois anos após o divórcio, meu pai se casou novamente, deixou a cidade de Vitória para morar no Rio de Janeiro. Desde então, nunca mais nos falamos. Sempre senti falta de uma convivência com o meu pai, especialmente nos momentos mais difíceis e importantes da minha vida, por exemplo: quando perdi os meus avós, que me criaram juntamente com a minha mãe; quando tive que acompanhar a minha mãe em um tratamento contra uma doença grave no ano passado; e até mesmo quando tive que fazer uma escolha pelo curso superior e a instituição na qual prestaria o vestibular. Mas também sofri com essa falta de convivência em momentos de alegria e conquistas na minha vida. Não ter o meu pai ao meu lado, na tristeza e na alegria, sempre foi, e ainda é, motivo de sofrimento para mim. Sofrimento que carrego também por jamais ter tido contato com o meu único irmão, filho do meu pai com sua segunda esposa. Como disse, Dr.(a), sempre convivi com esse sofrimento, em silêncio, compartilhando apenas os meus sentimentos com o psicólogo que me acompanha *desde o divórcio dos meus pais. Nunca tive coragem de provocar uma aproximação com o meu pai, apesar de ter certeza de que, se assim eu fizesse, ele me receberia para uma conversa. Um irmão do meu pai disse que ele sempre esteve aberto ao diálogo e à aproximação interrompida. Sempre tive vontade de procurá-lo, mas nunca me senti segura para encarar essa tentativa de aproximação sozinha, sem o apoio de alguém que pudesse estar ao meu lado, representando os meus interesses e defendendo os meus direitos. Também tenho receio de que uma aproximação com o meu pai possa decepcionar a minha mãe, que sempre se dedicou a mim de corpo e alma, não merecendo, portanto, esse tipo de traição. Mas as pessoas mais próximas a mim sabem que estou disposta a perdoar qualquer omissão do meu pai para ter a oportunidade de iniciar uma relação de convivência, inclusive com o irmão que até hoje não conheci. Na semana passada, um amigo me mostrou uma matéria de jornal, que me fez pensar ainda mais em tudo isso. E é por conta disso que estou aqui. A manchete, estampada no jornal, diz o seguinte: 'Pai terá de pagar R$ 200 mil a filha por abandono afetivo, decide STJ'". Conversei com algumas pessoas do Direito sobre o assunto. Elas me disseram que o não cumprimento do dever de assistência moral e afetiva a um filho, durante o desenvolvimento da criança, pode motivar a condenação do pai ao pagamento de uma indenização em favor do filho, por ausência de afeto. Essa notícia me fez pensar sobre como agir diante dessa situação, motivo pelo qual estou aqui. Quero ser indenizada pelo mesmo motivo: ausência de afeto! Quem sabe pagando caro por sua omissão, meu pai não aprenda e passe de uma vez por todas a prover aquilo que ainda hoje me falta: o afeto e a convivência familiar. Mas, ao mesmo tempo, Dr.(a), tenho medo de que uma disputa judicial nesse sentido possa sepultar,*

> *de uma vez por todas, qualquer possibilidade de aproximação com o meu pai e meu único irmão. Também não posso decepcionar minha mãe. Estou insegura."*

Encerrado o relato da assistida (Beatriz) e uma vez realizado o diagnóstico do conflito, os alunos tornam-se aptos a promover a escolha do método mais adequado às particularidades do caso concreto, orientados pelo fluxograma reproduzido no sistema digital.

O sistema demanda dos alunos o registro de algumas informações gerais e dados da assistida, em sua tela inaugural.

→ *Primeira tela do sistema digital:* **informações gerais e dados da assistida**

Informações Gerais

Área do Direito *
Direito Civil

Nomes completos dos membros da dupla: *
Nome dos integrantes

Dados do cliente

Insira abaixo os dados relacionados ao(à) cliente:

Nome completo do(a) cliente: *
Beatriz (sobrenome)

PRÓXIMA   Página 1 de 22

Após o preenchimento dos campos apresentados na tela inaugural do sistema, os alunos são habilitados a prosseguir, para que atribuam respostas à primeira pergunta do fluxograma.

Todas as respostas devem ser justificadas, como condição para a progressão de telas que levará os alunos ao enfrentamento das perguntas subsequentes.

As particularidades do conflito verbalizado por Beatriz levam os alunos a realizar o percurso mental descrito a seguir.

→ *Segunda tela do sistema digital:* **primeira pergunta do fluxograma (Há conflito?)**

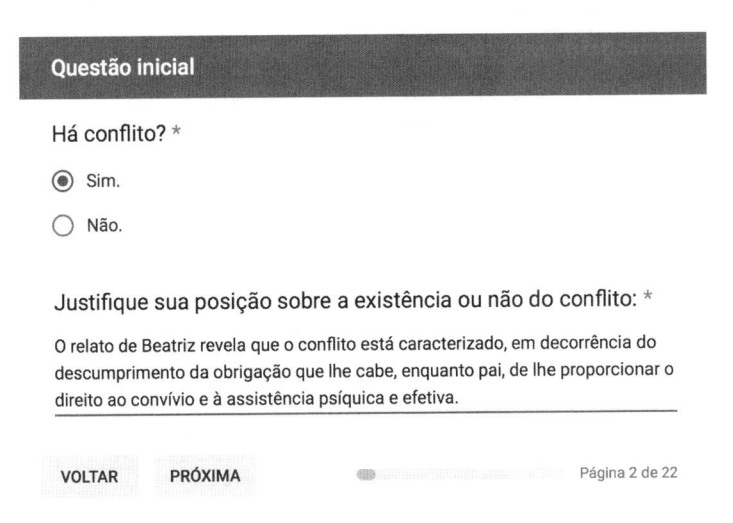

Questão inicial
Há conflito? *
● Sim.
○ Não.
Justifique sua posição sobre a existência ou não do conflito: *
O relato de Beatriz revela que o conflito está caracterizado, em decorrência do descumprimento da obrigação que lhe cabe, enquanto pai, de lhe proporcionar o direito ao convívio e à assistência psíquica e efetiva.
VOLTAR   PRÓXIMA   Página 2 de 22

A atribuição de uma resposta positiva ao primeiro questionamento (*Há conflito?*) leva os alunos a falsear (excluir) os dois métodos de prevenção de conflitos contemplados no fluxograma, a saber: a orientação individual e a orientação coletiva. Ficam, assim, preservados os seguintes métodos de solução de conflitos: negociação direta, negociação assistida, conciliação, mediação, arbitragem, processo individual e processo coletivo.

→ *Terceira tela do sistema digital:* **segunda pergunta do fluxograma (Há possibilidade de diálogo e prática de concessões?)**

Muito bem, se há conflito, o caso poderá ser resolvido por meio dos seguintes procedimentos:

(a) Negociação direta;
(b) Negociação assistida;
(c) Conciliação;
(d) Mediação;
(e) Arbitragem;
(f) Processo individual;
(g) Processo Coletivo.

Responda o questionamento abaixo para que seja possível prosseguir e encontrar a forma mais adequada de resolver o caso:

São possíveis o diálogo e a prática de concessões? *

◉ Sim.

◯ Não.

Justifique sua escolha sobre a possibilidade ou não de diálogo ou da prática de concessões entre as partes: *

É sabido que, por diversas vezes, o pai de Beatriz tentou manter a relação de convivência familiar, especialmente o convívio com a filha. Tal fato, revelado por pessoas da família, indica que o pai de Beatriz se afastou por motivos alheios à sua vontade. A suspeita de que o convívio foi interrompido por influência de sua mãe é evidenciada por Beatriz quando afirma "Minha mãe sempre disse que melhor seria se eu esquecesse o meu pai". Ela o acusa de ter abandonado a família, para se dedicar a uma nova mulher. Beatriz revela que sua mãe jamais aceitou o divórcio. Esse sentimento de inconformismo, segundo ela, teria levado sua mãe a criar obstáculo à realização das visitações judicialmente estabelecidas. Esses entraves afastaram seus pai de tal forma que as visitações jamais se repetiram. Pai e filha deixaram de se falar quando o primeiro se mudou para a cidade do Rio de Janeiro. Beatriz declara que sempre sentiu falta da convivência de seu pai, nos momentos de dificuldade e de alegria. A falta de convívio com o pai ainda hoje é motivo de sofrimento: sentimento que se agrava pelo fato de jamais ter estabelecido contato com seu único irmão, que é filho de seu pai com a segunda esposa. Beatriz reconhece que lhe faltou coragem para se aproximar do pai, mesmo tendo a certeza de que o mesmo a acolheria. A falta de coragem, em parte, se justifica no receio de decepcionar sua mãe. Mas ele está disposto à perdoar seu pai por eventuais omissões. Seu maior interesse é restabelecimento da relação de convivência com o pai. Ela também deseja se aproximar do irmão. Os interesses de Beatriz (afeto e convivência familiar) não correspondem à posição verbalizada, qual seja: ser indenizada por abandono afetivo. Isso significa que uma eventual condenação do pai ao pagamento de uma indenização não lhe proporcionaria a satisfação dos seus interesses. Ao declarar ter medo de que uma disputa judicial sepulte, de uma vez por todas, qualquer possibilidade de aproximação com o seu pai e com o seu irmão, Beatriz indica que que a aplicação de um método autocompositivo poderia lhe produzir os efeitos desejados.

VOLTAR   PRÓXIMA

A atribuição de uma resposta positiva ao segundo questionamento (*Há possibilidade de diálogo e prática de concessões?*) leva os alunos a falsear (excluir) os três métodos de heterocompositivos contemplados no fluxograma, a saber: o processo judicial individual, o processo judicial coletivo e a arbitragem. Ficam, assim, preservados os métodos autocompositivos seguintes: negociação direta, negociação assistida, conciliação e mediação.

→ Quarta tela do sistema digital: **terceira pergunta do fluxograma (O fluxo comunicacional está fragilizado?)**

Quando diálogo e concessões são possíveis

Tendo em vista que o diálogo e a prática de concessões entre as partes são possíveis, resta saber se o caso poderá ser resolvido por meio de:

(a) Negociação direta;
(b) Negociação assistida;
(c) Conciliação;
(d) Mediação;

Responda o questionamento abaixo para que seja possível prosseguir e encontrar a forma mais adequada de resolver o caso:

O fluxo comunicacional está fragilizado? *

◉ Sim.
◯ Não.

Justifique sua escolha sobre a interrupção ou não do fluxo de comunicação entre as partes: *

A convivência de Beatriz com seu pai foi interrompida. Eles não mais se comunicam, apesar de desejarem uma reaproximação.

VOLTAR   PRÓXIMA   Página 12 de 22

A atribuição de uma resposta positiva ao terceiro questionamento (*O fluxo comunicacional está fragilizado*) leva os alunos a falsear (excluir) a negociação direta. Ficam, assim, preservados os seguintes métodos autocompositivos: negociação assistida, conciliação e, mediação.

→ *Quinta tela do sistema digital:* **quarta pergunta do fluxograma (O caso demanda a intervenção de um terceiro imparcial facilitador da comunicação e da prática de concessões?)**

Quando o fluxo de comunicação entre as partes foi interrompido

Se entre as partes há problemas de comunicação, o conflito poderá ser resolvido por meio de:

(a) Negociação assistida;
(b) Conciliação;
(c) Mediação;

Responda o questionamento abaixo para que seja possível prosseguir e encontrar a forma mais adequada de resolver o caso:

O caso demanda a atuação de um terceiro imparcial e facilitador da comunicação e da prática de concessão entre as partes? *

◉ Sim.

◯ Não.

Justifique sua escolha sobre a necessidade ou não de um terceiro imparcial e facilitador: *

Pai e filha perderam a convivência e não mais se comunicam. Tal fato revela que o restabelecimento do diálogo não será tarefa fácil, especialmente se considerarmos que a mãe de Beatriz já ofereceu resistência à retomada do convívio entre pai e filha. Em situações como essa, de total ruptura das relações de diálogo e convivência, a intervenção de um terceiro imparcial facilitador do diálogo se faz necessária. Esse terceiro imparcial tem autoridade para: presidir a auto-imposição, decidindo a ordem de enfrentamento dos temas do conflito, segundo os critérios que lhes pareçam mais adequados às particularidades do caso concreto; zelar pelo respeito à ordem de falas entre as partes; fazer as provocações necessárias para que os interesses velados sejam manifestados e debatidos; dirigir às partes questionamentos que os levem a se colocar no lugar do outro, permitindo, assim, que as razões e sentimentos de ambos sejam melhor compreendidos. Negociadores teriam maior dificuldade para a realização dessas atribuições, em decorrência da falta de imparcialidade. O caso em questão é qualificado pela presença de fatores de ordem subjetiva, que devem ser enfrentados e superados como condição para que os interesses de Beatriz sejam satisfeitos. Dentre esses fatores, destacam-se: as magoas e frustrações da garota; o medo de decepcionar sua mãe; o interesses de conviver com o pai; e o desejo de estabelecer vínculo com o seu irmão. A administração dessas questões passa pelo desenvolvimento de um trabalho de aprofundamento do quadro conflituoso, visando a identificação das múltiplas particularidades de cada parte. Um terceiro negociador dos interesses de Beatriz, por ser parcial, dificilmente conquistaria a confiança de seu pai, necessária para que o mesmo apresente suas razões, manifeste seus sentimentos, ou reconheça os seus erros. O mesmo pode ser dito em relação ao negociador dos interesses do pai de Beatriz. Já um terceiro imparcial teria melhores condições para conquistar a confiança de ambos.

VOLTAR PRÓXIMA

A atribuição de uma resposta positiva ao quarto questionamento (*O caso demanda a intervenção de um terceiro imparcial facilitador da comunicação e da prática de concessões?*) leva os alunos a falsear (excluir) a negociação assistida. Ficam, assim, preservados os dois métodos autocompositivos: conciliação e mediação.

→ *Sexta tela do sistema digital:* **quinta pergunta do fluxograma (A relação é continuada?)**

> **Com atuação de terceiro imparcial e facilitador, haverá a Mediação ou a Conciliação**
>
> Se o caso demanda a atuação de um terceiro imparcial e facilitador da comunicação e da prática de concessão entre as partes, o conflito poderá ser resolvido por meio de:
>
> (a) Mediação;
> ou
> (b) Conciliação.
>
> Responda o questionamento abaixo para definir o método.
>
> A relação entre as partes é continuada? *
>
> ◉ Sim.
>
> ○ Não.
>
> Justifique sua escolha sobre a continuidade ou não da relação entre as partes apresentada: *
>
> O relato de Beatriz revela que a relação é continuada, por estar caracterizada: pela existência de um histórico de relação afetiva anterior ao divórcio; e pelo desejo de restabelecimento do vínculo com o pai e seu irmão, após a superação da controvérsia. Nesses casos, além da pacificação do conflito manifesto, as partes devem desenvolver condições básicas para a preservação da convivência, preservando, assim, o surgimento de futuras disputas.|
>
> VOLTAR   PRÓXIMA   Página 19 de 22

A atribuição de uma resposta positiva ao quinto questionamento (*A relação é continuada?*) leva os alunos a falsear (excluir) a conciliação. Consequentemente, resta preservada a mediação:

único método que sobreviveu aos testes de falseamento realizados pelo gestor do conflito.

→ *Sétima tela do sistema digital:* **indicação do método adequado**

O sistema indica que o método mais adequado para a gestão do conflito relatado por Beatriz é a *mediação*.

Mediação

Se a relação entre as partes é continuada, o método de resolução de conflitos deverá ser a Mediação.

Por outro lado, com o objetivo de garantir a segurança jurídica, as partes poderão demandar a (a) atuação notarial ou a (b) homologação judicial.

Desta forma, após demonstrar tais possibilidades para as partes, siga para a próxima página do questionário e indique a alternativa mais adequada.

VOLTAR   PRÓXIMA   Página 20 de 22

→ *Oitava tela do sistema digital:* **questionamento final**

Necessidade ou não de Atuação Notarial ou de Homologação Judicial

A atuação notarial ou a homologação judicial é necessária ou desejada pelas partes? *

○ Sim.

◉ Não.

Justifique sua escolha sobre a necessidade ou não dos instrumentos apresentados acima: *

O caso não envolve menores ou direitos indisponíveis transigíveis.

VOLTAR   PRÓXIMA   Página 14 de 22

→ *Nona tela do sistema digital:* **encaminhamentos para finalização e geração de relatório**

Assinatura do termo de acordo extrajudicial

Muito bem, se não forem necessárias a atuação notarial nem a homologação judicial, deverá ser promovida a assinatura do termo de acordo judicial, firmado por instrumento particular.

Clique no botão abaixo para continuar e confirmar a medida adequada.

VOLTAR   PRÓXIMA   Página 16 de 22

→ *Décima tela do sistema digital:* **validação**

Confirmação

Por último, confirme abaixo a medida adequada para resolver o caso e envie o formulário.

Indique uma das alternativas abaixo, confirmando a medida adequada: *

○ Negociação direta

○ Negociação assistida

○ Conciliação

⦿ Mediação

○ Arbitragem

○ Processo individual

○ Processo Coletivo

○ Orientação individual

○ Orientação coletiva

VOLTAR   ENVIAR   Página 22 de 22

Uma vez validado o método indicado pelo sistema, finaliza-se o processo com a geração de relatório para o professor responsável pela avaliação.

→ **Décima primeira tela do sistema digital:** *finalização e geração de relatório*

O formulário com as informações que você inseriu foi enviado e registrado com sucesso.

Espere 30 segundos para que seu relatório seja gerado e transformado em um documento PDF.

Em seguida, se quiser conferir o PDF gerado com as informações inseridas no formulário, clique no link abaixo:

https://drive.google.com/drive/folders/1Y3lKoLyTGpvIovEYKIlCfQFFnPxD6jV9

Observação: Se a ferramenta Google Drive exigir login para acessar a pasta e os relatórios, ignore a mensagem a atualize a página. O acesso será permitido em seguida.

Edite a sua resposta
Enviar outra resposta

Assim que o formulário é finalizado, todas as informações nele inseridas são registradas em um banco de dados estruturado. Contemporaneamente, gera-se um novo documento, chamado *relatório de atendimento*, que contém: o nome dos estudantes envolvidos; os dados principais do cliente da demanda; a área do conhecimento jurídico correspondente; a indicação do método adequado para resolver o conflito; respostas e justificativas às perguntas do formulário.

Os arquivos dos relatórios de atendimento são gerados no formato *Adobe Acrobat* (.pdf) e automaticamente disponibilizados em uma pasta compartilhada por estudantes e professores.

Os professores do NPJ/FDV recebem os novos relatórios individuais de atendimento em seus respectivos repositórios de arquivos. Os relatórios de atendimento, gerados a partir dos formulários e arquivados nos repositórios dos professores, servem como memória organizada daqueles atendimentos em que a presença constante do orientador não foi possível.

Tendo em mãos o relatório gerado pelo sistema, os professores podem avaliar, a partir das justificativas apresentadas para as respostas atribuídas, se o percurso mental realizado pelos alunos foi mesmo correto, ou seja: se chegaram ao método mais adequado às particularidades do caso concreto.

Após a análise do relatório, os estudantes recebem orientação a respeito da escolha do método de resolução definido, das respostas que justificam tal escolha e dos próximos passos a serem percorridos, tanto em relação à consultoria jurídica adequada, quanto às etapas processuais, quando necessárias. É nesse estágio do processo que os professores advogados do NPJ/FDV compreendem o percurso mental empreendido pelos estudantes, validam o método indicado e, por fim, orientam sua execução.

» **Como o problema do lapso temporal de seis semestres que separavam a disciplina Conflitos e suas Soluções da Prática Jurídica Real no NPJ/FDV foi superado?**

Finalmente, o problema do lapso temporal de seis semestre que separava a disciplina Conflitos e suas Soluções da Prática Jurídica Real no NPJ/FDV vem sendo superado com o desenvolvimento de atividades interdisciplinares relacionadas com a temática gestão adequada de conflitos, do terceiro período (logo após a conclusão da disciplina Conflitos e suas Soluções) ao décimo período.

Essas atividades interdisciplinares conferem resgate aos conteúdos estudados na disciplina Conflitos e suas Soluções, permitindo que os discentes compreendam a pertinência da gestão adequada de conflitos no contexto de disciplinas como: Direito Civil (mediante a realização de simulações de mediações de conflitos familiares e sucessórios); Constitucional (por meio de debates que revelam como adequadas podem ser as vias extrajudiciais de solução dos conflitos de natureza socioconstitucional, superando a dependência da jurisdição constitucional)[4]; Administrativo (com discussões sobre os limites e possibilidades de aplicação de métodos autocompositivos na gestão conflitos que envolvem a Administração Pública como parte); Penal (por meio de debates sobre alternativas ao Sistema Penal punitivo); Trabalho (mediante a realização de discussões sobre os limites e possibilidades de aplicação de métodos autocompositivos na gestão de conflito trabalhista de natureza individual); Consumidor (por meio de debates sobre o cabimento da arbitragem na solução de conflitos de consumo e sobre o mau uso da conciliação nos Procons), dentre outras que fazem da gestão de conflitos um tema transversal no âmbito do Curso de Direito da FDV.

---

4. Para uma melhor compreensão dos objetivos, métodos de operacionalização da atividade interdisciplinar em questão, recomendamos a leitura de artigo realizado em coautoria com o professor Caleb Salomão Pereira, disponível para consulta em (SANTOS; PEREIRA, 2015, p. 85-103).

Conclusão

A cultura da gestão inadequada de conflitos é um dos elementos característicos do estado de crise no qual se encontra o ensino jurídico brasileiro. Ela se desenvolve no berço da formação dos profissionais do Direito (as Academias Jurídicas), impulsionando a prática da judicialização de conflitos que poderiam ser geridos de forma mais adequada se utilizados fossem os métodos alternativos ao processo judicial, como a negociação, a conciliação e a arbitragem. O reflexo dessa realidade é produzido no âmbito da prática jurídica, quando se constata a falta de rigor de profissionais do Direito na escolha e na aplicação do método que melhor atenda às particularidades do caso concreto.

Por esses motivos, sustentamos que alunos, professores e gestores de instituições de ensino devem ser instigados a reduzir os riscos inerentes ao enfrentamento da crise do Judiciário brasileiro (um dos principais desafios do presente e do futuro), valorizando três atividades essenciais no âmbito do ensino do Direito: *a)* a constante atualização do conhecimento, como forma de preservação da sua utilidade; *b)* a valorização de outros conhecimentos ou saberes, com a pretensão de se atingir uma melhor compreensão da complexidade inerente aos fenômenos que nos cercam; e *c)* o desenvolvimento de competências e habilidades capazes de levar o educando a lidar com os desafios de um futuro profissional que não se pode dimensionar. Essas três atividades, quando realizadas no âmbito das instituições de ensino do Direito, podem resultar na formação de profissionais atualizados, contextualizados e resilientes, tal como demanda a sociedade brasileira.

A superação da cultura da gestão inadequada dos conflitos passa pela realização de profundas mudanças nos processos de formação dos estudantes do Direito, de modo que sejam levados a compreender que uma intervenção jurídica de qualquer natureza (judicial ou extrajudicial, contenciosa ou consensual), somente se revelará adequada se atender às particularidades do caso concreto. Não há método ou técnica de intervenção jurídica que possam ser considerados aptos a atender adequadamente às particularidades dos conflitos de interesses, que são únicos, irrepetíveis e concretos.

Essa mudança de paradigma é uma condição para que os futuros profissionais do Direito sejam receptivos à prática dos chamados métodos alternativos ao processo e saibam aplicá-los de forma adequada, considerando as particularidades das relações conflituosas que lhes sejam manifestadas em concreto.

Acreditamos que, se replicada em outras instituições de ensino e utilizadas por profissionais do Direito, no exercício das mais diversas profissões jurídicas, a experiência socializada na presente obra pode servir de diretriz para a criação de estratégias que proporcionem o desenvolvimento das competências e habilidades essenciais para um gestor de conflitos, quais sejam: *a)* diagnosticar as particularidades de um quadro conflituoso; *b)* compreender a importância da escolha de um método de prevenção e resolução de conflitos que seja adequado às particularidades do caso concreto; *c)* aplicar tecnicamente os diferentes métodos de gestão de conflitos, como o processo judicial (individual e coletivo), a orientação jurídica, a arbitragem, a negociação (direta e assistida), a conciliação e a mediação.

Ao processo de desenvolvimento dessas competências e habilidades essenciais para o exercício da atividade sequenciada de cognição, condução e resolução de situações conflituosas, promovido mediante o emprego do método ou técnica que melhor atenda às particularidades do caso concreto, demos o nome de *pedagogia da gestão adequada de conflitos*.

Outra importante contribuição que a experiência relatada pode prestar, principalmente para outras instituições de ensino do Direito, é a socialização de diretrizes para a implantação do sistema digital criado com o propósito de conferir registro (em relatórios responsivos) aos elementos necessários para o acompanhamento e avaliação do percurso mental realizado por alunos nas duas primeiras etapas do processo de gestão adequada de conflitos (o *diagnóstico* do conflito e a *escolha do método adequado*). Esse sistema supera o problema que qualquer professor enfrentará diante da impossibilidade prática de acompanhar, de forma presencial, todos os atendimentos realizados em um Núcleo de Prática Jurídica.

Os relatórios responsivos gerados pelo sistema, após a realização dos atendimentos, permitem aos professores advogados atestar se os critérios racionais e objetivos orientadores da escolha do método adequado, dispostos na forma de fluxograma, foram corretamente aplicados pelos alunos à luz das particularidades de cada caso concreto analisado.

A experiência relatada na presente obra compreende o conjunto de atividades inovadoras, realizadas na FDV com o objetivo de capacitar alunos para o exercício da gestão adequada de conflitos, mediante o emprego de métodos plurais alternativos ao processo judicial.

Não há conhecimento sobre a existência de prática semelhante no Brasil. As poucas instituições de ensino comprometidas com o ensino da teoria e prática da gestão de conflitos, por vias alternativas ao processo judicial, restringem-se à oferta de disciplinas teóricas e práticas dedicadas ao tema, sem oferecer aos discentes e docentes as condições metodológicas e materiais necessárias para a realização e avaliação de um aprendizado significativo.

A experiência acumulada da FDV revela que a prática de prevenção e resolução de conflitos somente pode ser realizada após o percurso de duas atividades técnicas essenciais: *a)* o diagnóstico das particularidades do conflito; e *b)* a escolha do método que melhor atenda às particularidades do caso concreto. Comprova, ainda, que o aprendizado sobre o tema somente se torna significativo quando realizado de modo transversal, a partir do desenvolvimento de atividades interdisciplinares durante o curso. E evidencia também que, sem a utilização dos critérios racionais e objetivos dispostos na forma do fluxograma que acompanha o APÊNDICE e do sistema digital descrito utilizado no NPJ/FDV, dificilmente se concretizariam, respectivamente: o aprendizado e a avaliação do percurso mental realizado pelo aluno para efeito de diagnóstico do conflito e escolha do método adequado às suas particularidades.

Estruturado em etapas muito bem definidas e pensadas em função do estado de maturidade do aluno no decorrer do curso, o Projeto de Gestão Adequada de Conflitos da FDV prima pela eficiência e qualidade, pois oferece aos alunos e professores envolvidos as condições necessárias para o desenvolvimento e avaliação das competências exigidas de um gestor de conflitos comprometido com a escolha e com a aplicação de métodos adequados às particularidades do caso concreto.

As diretrizes e os critérios norteadores da prática da gestão adequada de conflitos podem ser aplicados em qualquer centro de gestão de conflitos, por exemplo: escritórios de advocacia, serventias extrajudiciais, promotorias de justiça, Centros Judiciários de Solução de Conflitos e Cidadania e Núcleos de Prática Jurídica. Os critérios racionais e objetivos propostos na forma de fluxograma podem auxiliar gestores de conflitos em diferentes âmbitos de exercício da tarefa de escolha do método adequado norteado por critérios racionais e objetivos.

A prática pode, ainda, contribuir para a superação de dois grandes problemas da atualidade: *a)* a falta de conhecimento dos profissionais do Direito sobre os métodos alternativos; e *b)* a ausência de critérios racionais e objetivos que permitam a esses profissionais promover o uso adequado de vias plurais de gestão de conflitos.

A tendência nacional de desjudicialização requer do profissional moderno uma visão mais ampliada sobre as possibilidades de realização da justiça. Esse cenário de mudanças e abertura para o novo exige a sensibilização dos estudantes de Direito para a importância e para os benefícios proporcionados pela prática da gestão adequada (técnica e criteriosa) de conflitos.

Para que o desafio da reconfiguração do papel do educando no cenário contemporâneo se concretize, faz-se necessária a estruturação de um currículo centrado no desenvolvimento de competências e habilidades relativas à resolução de problemas por vias plurais. Nesse sentido, a prática contribui para o enfrentamento de desafios da atualidade no âmbito do ensino e da prática jurídica, rompendo com a lógica tradicional de reprodução de medidas judiciais (basicamente restritas ao ajuizamento de ações individuais) ou extrajudiciais restritivas (limitadas à realização de conciliações).

Os métodos e técnicas socializados na presente obra oferecem a gestores de conflitos os subsídios necessários para a realização do diagnóstico de um conflito e para a escolha do método mais adequado às suas particularidades.

Esperamos que a experiência acumulada no desenvolvimento de estratégias de ensino e aprendizagem voltadas para a formação de profissionais do Direito preparados para o exercício da *gestão adequada de conflitos* possa servir de inspiração para profissionais e instituições de ensino do Direito, igualmente engajados no propósito de formação de profissionais comprometidos com a efetivação do direito fundamental de acesso à justiça, com a modernização e com a eficiência da Justiça.

Referências

ÁLVAREZ, Gladys Stella. *La mediación y el acceso a justicia*. Buenos Aires: Rubinzal-Culzoni, 2003. 368 p.

BAUMAN, Zygmunt. *Identidade*. Rio de Janeiro: Zahar, 2005. 110 p.

BAUMAN, Zygmunt. *Tempos líquidos*. Rio de Janeiro: Zahar, 2007. 119 p.

BAUMAN, Zygmunt. *Vida líquida*. Rio de Janeiro: Zahar, 2009. 210 p.

BRASIL. Conselho Nacional de Justiça. *Provimento nº 67, de 26 de março de 2018*. Disponível em: <http://www.cnj.jus.br >. Acesso em: 24 jun. 2018.

BRASIL. Conselho Nacional de Justiça. *Relatório Justiça em Números 2018*. Disponível em: <http://www.cnj.jus.br >. Acesso em: 20 set. 2018.

BRASIL. Conselho Nacional de Justiça. *Resolução nº 125, de 29 de novembro de 2010*. Disponível em: <http://www.cnj.jus.br >. Acesso em: 24 jun. 2018.

BRASIL. Presidência da República. *Lei nº 13.140, de 26 de junho de 2015*. Disponível em: <http://www.planalto.gov.br >. Acesso em: 24 jun. 2018.

BRASIL. Presidência da República. *Lei nº 13.105, de 16 de março de 2015.* Disponível em: <http://www.planalto.gov.br >. Acesso em: 24 jun. 2018.

CARAM, María Elena; EILBAUM, Diana Teresa; RISOLÍA, Matilde. *Mediación:* diseño de una práctica. Buenos Aires: Librería Histórica, 2006. 460 p.

DIEZ, Francisco; TAPIA, Gchi. *Herramientas para trabajar en mediación.* Buenos Aires: Paidós, 2010. 227 p.

FISHER, Roger; URY, William; PATTON, Bruce. *Como chegar ao sim:* a negociação de acordos sem concessões. Rio de Janeiro: Imago, 1994. 214 p.

GORETTI, Ricardo. *Mediação e acesso à justiça.* Salvador: Juspodivm, 2017. 395 p.

GORETTI, Ricardo. *Políticas públicas de efetivação da mediação pelo Poder Judiciário e o direito fundamental de acesso à justiça.* 2016. Tese (Doutorado em Direitos e Garantias Fundamentais – Programa de Pós-Graduação Stricto Sensu em Direitos e Garantias Fundamentais, Faculdade de Direito de Vitória, Vitória, 2016.

GONÇALVES, Vinícius José Corrêa. *Tribunais multiportas:* pela efetivação dos direitos fundamentais de acesso à justiça e à razoável duração do processo. Juruá: Curitiba, 2014. 273 p.

HIGHTON, Elena Inês; ÁLVAREZ, Gladys Stella. *Mediación para resolver conflictos.* 2. ed. Buenos Aires: Ad-Hoc, 2008. 239 p.

JUNG, C. G. *O eu e o inconsciente.* 27. ed. Petrópolis: Vozes, 2015. 196 p.

JUNG, C. G. *Os arquétipos e o inconsciente coletivo.* 11. ed. Petrópolis: Vozes, 2014. 454 p.

MORIN, Edgar. *Educação e complexidade:* os sete saberes e outros ensaios. 6. ed. Rio de Janeiro: Cortez, 2013. 109 p.

MORIN, Edgar. *Introdução ao pensamento complexo.* 4. ed. Porto Alegre: Sulina. 2011. 120 p.

MORIN, Edgar; VIVERET, Patrick. *Como viver em tempo de crise*. Rio de Janeiro: Bertrand Brasil, 2013. 80 p.

PERELMAN, Chaïm. *Ética e direito*. Tradução de Maria Ermantina de Almeida Prado Galvão. São Paulo: Tempo Universitário, 2005. 722 p.

POPPER, Karl. *A lógica das ciências sociais*. Tradução de Estevão de Rezende Martins. 3. ed. Rio de Janeiro: Tempo Universitário, 2004. 109 p.

POPPER, Karl. *O mito do contexto*: em defesa da ciência e da racionalidade. Lisboa: Edições 70, 2009. 332 p.

SANTOS, Boaventura de Sousa. O estado e o direito na transição pós-moderna: para um novo senso comum. *Humanidades*, v. 7, n. 3, p. 268-282, 1990. Disponível em: <www.boaventuradesousasantos.pt>. Acesso em: 14 mar. 2011.

SANTOS, Ricardo Goretti; BRITTO, Igor Rodrigues. O papel do Procon na defesa qualificada dos interesses dos consumidores: o acesso à justiça e os métodos alternativos de resolução de conflitos de consumo. *Revista Eletrônica de Direito Processual (REDP)*. Rio de Janeiro: Universidade Estadual do Rio de Janeiro, v. 4, n. 4, p. 281-306, 2009. Disponível para consulta em: <http://www.e-publicacoes.uerj.br/index.php/redp/article/view/7944>. Acesso em: 24 jun. 2018.

SANTOS, Ricardo Goretti; PEREIRA, Caleb Salomão. A fuga do processo: reflexões sobre modalidades metaprocessuais de intervenção socioconstitucional. In: MIGUEL, Paula Castello; OLIVEIRA, Juliana Ferrari de; BUSSINGUER, Elda Coelho de Azevedo (Org.) *Estratégias participativas no ensino jurídico*: uma formação voltada para os direitos humanos. Curitiba: CRV, 2015, p. 85-103.

SERPA, Maria de Nazareth. *Teoria e prática da mediação de conflitos*. Rio de Janeiro: Lumen Juris, 1999. 337 p.

WARAT, Luis Alberto. *Epistemologia e ensino do direito*: o sonho acabou. Florianópolis: Boiteux, 2004a. v. II. 496 p.

WARAT, Luis Alberto. *Introdução geral ao direito:* interpretação da lei: temas para uma reformulação. Porto Alegre: Sergio Antonio Fabris, 1994a. v. I. 232 p.

WARAT, Luis Alberto. *Introdução geral ao direito:* a epistemologia jurídica da modernidade. Porto Alegre: Sergio Antonio Fabris, 1994b. v. II. 392 p.

Apêndice

Fluxograma indicativo de critérios de escolha do método de gestão de conflitos adequado ao caso concreto[5]

---

5. Esse fluxograma é uma proposição de auxílio a qualquer gestor de conflitos (advogados, promotores de justiça, defensores públicos, agentes de Procons, negociadores, conciliadores, mediadores, juízes, servidores vinculados aos Centros Judiciários de Solução de Conflitos e Cidadania, notários e registradores autorizados a prestar serviços de autocomposição, dentre outros profissionais do Direito que se dediquem à tarefa de prevenção e resolução de conflitos) para que desempenhe a tarefa de escolha do método adequado norteado por critérios racionais e objetivos.

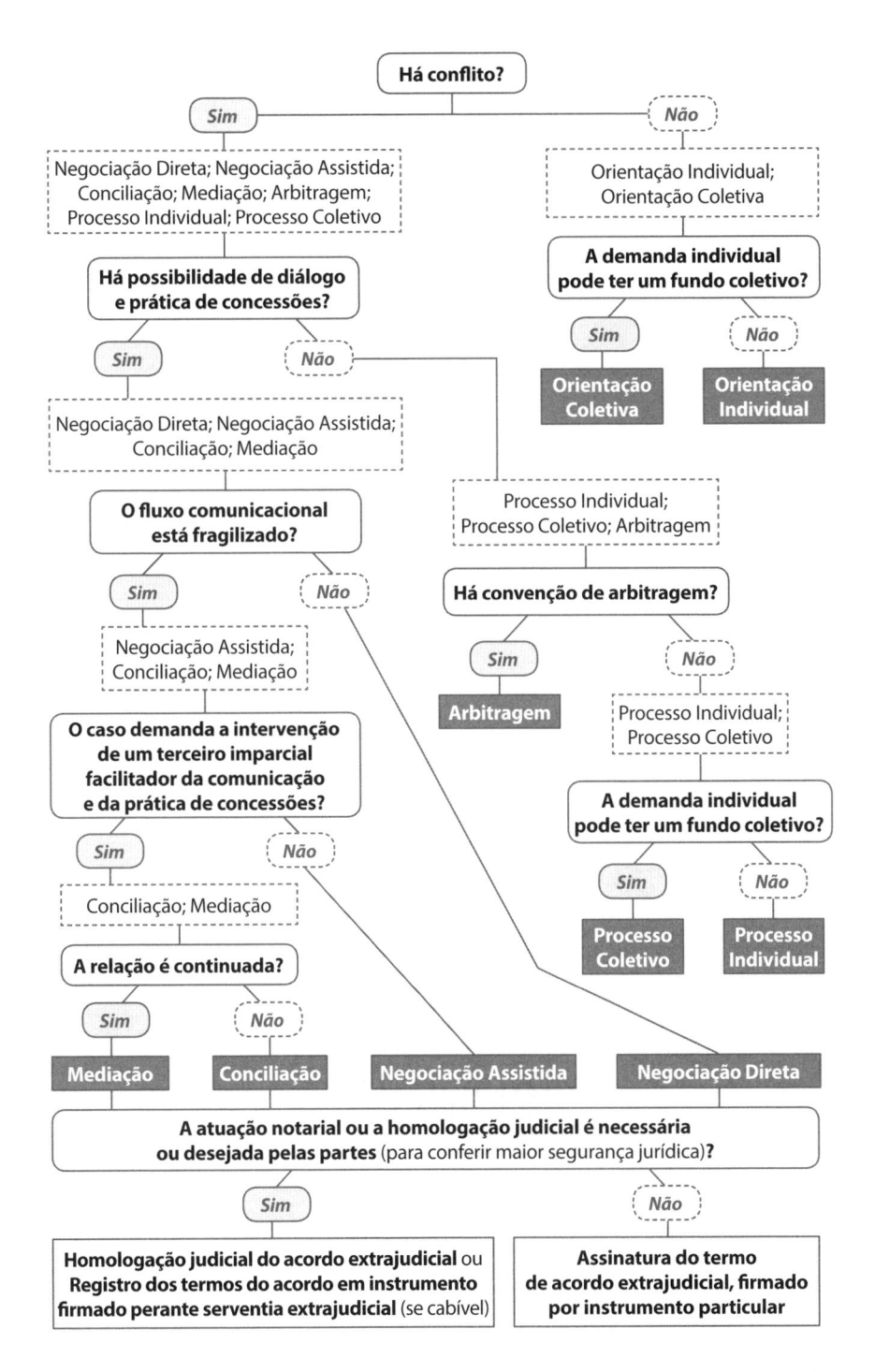

Apêndice

Há conflito?

- **Sim** → Negociação Direta; Negociação Assistida; Conciliação; Mediação; Arbitragem; Processo Individual; Processo Coletivo
- **Não** → Orientação Individual; Orientação Coletiva

Há possibilidade de diálogo e prática de concessões?

- **Sim** → Negociação Direta; Negociação Assistida; Conciliação; Mediação
- **Não** → Processo Individual; Processo Coletivo; Arbitragem

A demanda individual pode ter um fundo coletivo? (ramo "Não" do conflito)

- **Sim** → **Orientação Coletiva**
- **Não** → **Orientação Individual**

O fluxo comunicacional está fragilizado?

- **Sim** → Negociação Assistida; Conciliação; Mediação
- **Não** → (segue para Negociação Direta)

Há convenção de arbitragem?

- **Sim** → **Arbitragem**
- **Não** → Processo Individual; Processo Coletivo

A demanda individual pode ter um fundo coletivo?

- **Sim** → **Processo Coletivo**
- **Não** → **Processo Individual**

O caso demanda a intervenção de um terceiro imparcial facilitador da comunicação e da prática de concessões?

- **Sim** → Conciliação; Mediação
- **Não** → (segue para Negociação Assistida)

A relação é continuada?

- **Sim** → **Mediação**
- **Não** → **Conciliação**

Negociação Assistida | **Negociação Direta**

A atuação notarial ou a homologação judicial é necessária ou desejada pelas partes (para conferir maior segurança jurídica)?

- **Sim** → Homologação judicial do acordo extrajudicial ou Registro dos termos do acordo em instrumento firmado perante serventia extrajudicial (se cabível)
- **Não** → Assinatura do termo de acordo extrajudicial, firmado por instrumento particular

EDITORA JusPODIVM

www.editorajuspodivm.com.br